高校体育与体育产业融合的发展研究

王　鹏◎著

吉林出版集团股份有限公司

图书在版编目（CIP）数据

高校体育与体育产业融合的发展研究 / 王鹏著. 长春 : 吉林出版集团股份有限公司，2024.7.-- ISBN 978-7-5731-5411-8

Ⅰ.G807.4

中国国家版本馆CIP数据核字第2024K9Z571号

高校体育与体育产业融合的发展研究

GAOXIAO TIYU YU TIYU CHANYE RONGHE DE FAZHAN YANJIU

著　　者	王　鹏
责任编辑	王艳平
封面设计	牧野春晖
开　　本	710mm×1000mm 1/16
字　　数	171 千
印　　张	11.5
版　　次	2025年 1 月第 1 版
印　　次	2025年 1 月第 1 次印刷
出版发行	吉林出版集团股份有限公司
电　　话	总编办：010-63109269
	发行部：010-63109269
印　　刷	三河市悦鑫印务有限公司

ISBN978-7-5731-5411-8　　定价：79.00 元

前　言

当今社会，体育产业已成为全球经济发展的重要支柱之一，其影响力和潜力日益凸显。特别是在中国，随着国民经济的快速增长和人民生活水平的提高，体育产业得到了前所未有的发展机遇。然而，与国际先进水平相比，我国体育产业在结构、政策、市场化等方面仍存在不小的差距。正是在这样的背景下，笔者着手编写了本书，旨在深入探讨高校体育与体育产业的融合之道，以期为我国体育产业的持续健康发展提供有益的参考。

本书通过系统梳理体育产业及高校体育产业的形成、发展历程，分析其现状与面临的挑战，探索其在市场经济条件下的发展规律与机遇，为高校体育产业的转型升级与可持续发展提供科学依据。本书力求通过实证研究与案例分析相结合的方式，揭示高校体育与体育产业融合发展的内在逻辑，为政策制定者、体育管理者、教育工作者及投资者提供决策参考与实践指导。

本书共分为六章来详细阐述高校体育与体育产业的融合发展。第一章体育产业概述，从体育产业的发展历程、体育产业发展现状分析与研究、中国体育产业发展中的不平衡问题三个方面进行介绍。第二章体育产业结构与产业政策，聚焦于体育产业结构的发展演进及理论认知、体育产业结构的变化规律及优化路径选择、体育产业发展政策与制度体系的创新、体育产业政策对体育产业发展的影响。第三章高校体育产业概述，分别从高校体育产业的现状及面临的问题、高校体育产业的发展趋势分析与展望、高校体育产业的管理三个角度进行描述。第四章体育产业及高校体育的市场化发展，是对体育产业经营与管理的理论与环境分析、市场经济环境下的体育消费、高校体育市场化发展进行分析。第五章竞技体育与高校体育赛事的市场化，探讨了竞技体育产业发展及经营、高校体育赛事的市场化发展研究。第六章体育场馆管理与高校体育场馆经营，介绍了体育场馆的经营与管理、高校体育场馆的运作与管理、高校体育场馆的经济风险。

本书全面、深入地对体育产业进行了全方位的梳理，还从微观层面对高校体育产业的各个方面进行了深入的剖析。此外，本书还特别注重理论与实践的结合，力求在理论分析的基础上，为实际操作者提供有益的指导和建议。

在编写本书的过程中，笔者得到了来自各方的支持与帮助。首先，要感谢那些在体育产业研究领域做出杰出贡献的专家学者们，他们的研究成果为本书提供了宝贵的资料和启示。其次，也要感谢那些在高校体育产业一线工作的同人，他们的实践经验为本书提供了生动的案例和深刻的见解。再次，还要感谢出版社的编辑和校对人员，他们的辛勤工作使得本书得以顺利出版。最后，同样重要的是，感谢广大读者朋友们的支持与鼓励，正是你们的关注与期待，激励着笔者不断前行。另外，也希望各位读者朋友们多提宝贵意见，以便笔者进一步修改，使之更加完善。

王　鹏

2024 年 5 月

目 录

第一章　体育产业概述

体育产业是在社会发展变革的大背景下逐步形成和发展的，反过来看，体育产业也对社会发展和国民经济具有较大影响。在国内学者的研究中，体育产业有广义和狭义之分，二者有一定差别。

广义的体育产业是一个包罗万象的概念，它涵盖了与体育相关的所有生产和经营活动，不仅包括传统的体育锻炼和赛事观赏，还包括体育咨询、体育培训以及各类体育用品的生产与销售。这种观点的出发点是现实的经济活动，将体育产业看作一个由体育物质产品与服务产品共同组成的庞大体系。在这个体系中，无论是实体的体育用品，还是无形的体育服务，都体现了体育产业的经济价值。体育产业的本质，其实就是一种经济活动。它不仅是关于体育的，更是关于经济、关于价值的创造与交换。而这种经济活动的发展，又在很大程度上受到居民体育消费的影响。随着人们生活水平的提高，人们对体育消费的需求也在不断增加，这无疑为体育产业的发展提供了巨大的动力。这种观点在世界范围内已经得到了广泛的共识，体育产业已经成为全球经济中的一个重要组成部分。

狭义上的体育产业，有学者更愿意将其定义为体育服务业。这是因为，在他们看来，体育产业的核心是通过劳动向全社会提供各种类型的体育服务。这种观点主要是基于产业分类理论与产业统计方法来考虑的，它更加专注于体育产品的服务属性。体育产业，特别是体育服务业，主要满足人们在体育娱乐和健身方面的需求。与广义的体育产业不同，狭义上的体育产业更强调其提供的非实物形态的体育服务。这些服务可能包括健身指导、赛事组织、体育旅游咨询等，它们都是无形的，但却能满足人们日益增长的健康与娱乐需求。

体育产业其实是一个复合产业，它的产品既包括具体的体育用品，也包括无形的体育服务。这种复合性使得体育产业在定义时需要考虑多个方面。首先，我们必须认识到体育的独特性，这是体育产业与其他产业最根本的区别。其次，我们还需要与国际接轨，确保我们的体育产业在经营内容、统计指标等大方向上与国际保持一致。同时，结合中国的国情也是必不可少的，我们需要充分考虑中国体育产业的发展现状，以及借鉴的发达国家体育产业间的综合分类与划分标准是否符合我国的现状。

体育产业的形成与发展，其实与其他产业有着相似之处。在产业形成之初，其产品的原材料、生产、制造等环节可能都分散在其他行业中。随着产品需求的不断增长，这些环节会逐渐独立出来，形成一个新的产业。体育产业也是如此，是从最初的分散状态逐渐发展成一个独立的、具有巨大潜力的产业。

第一节　体育产业的发展历程

我国体育产业在20世纪70年代末开始起步，经过40多年的努力，体育产业的框架已经基本形成，成为具有巨大潜力的国民经济新兴产业。参考国内经济学界对我国改革开放以来经济发展的阶段划分，以及体育学界对我国体育产业发展阶段划分的研究成果，以体育产业标志性事件作为节点，我国体育产业发展主要历程可以分为四个阶段：探索尝试阶段（1978—1992年）、起步发展阶段（1992—2002年）、加速发展阶段（2002—2012年）、全面发展阶段（2012年至今）。

一、探索尝试阶段

1978年党的十一届三中全会胜利召开，在这次会议上，党中央做出了将工作重心转移到经济建设上的重要战略决策，宣告了改革开放时代的到来。

改革开放的政策与实践也不断推动着我国体育领域的变革。对于体育产业，体育界存在着一个由陌生到熟悉的认识过程以及从无到有的实践过程。首先是对体育产业认识的改变，一方面，国内经济体制的改革所产生的巨大效益对体育界产生持续影响，另一方面，与国际体育界的交流也不断影响着国内体育工作者对体育产业的认识。特别是1984年洛杉矶奥运会后，我国体育工作者开始思考体育领域中的经济问题，而1984年10月5日中国共产党中央委员会发布的《关于进一步发展体育运动的通知》中明确了体育社会化的大方向，这为体育领域开展经济活动实践提供了政策保证。其次是体育产业实践的开展，当时的体育工作者自觉投入其中，一方面各级体育行政部门利用其资源开展以补充体育经费为目的的体育创收活动，如“××省体委劳动服务公司”，部分体育事业单位逐步实行“以体为主，多种经营”，一些体育场馆逐步向社会开放，积极增加创收，实行多种经营；另一方面，相关企业以获取利润为目的进入体育产业中，如沿海地区的体育用品生产企业，北京、上海以及沿海城市的企业开始举办一些商业性体育赛事，在一些高档宾馆出现了健身俱乐部。在此阶段，我国体育产业实现了从无到有的蜕变。

据统计，1992年我国体育用品出口额约3亿美元，从1984年起，每年的增长幅度达到35.94%，大大超过同期文化产品和轻工业产品出口额度增幅。但是由于我国的体育产业起步较晚，并且起点较低，因此在整个产业结构中，对于体育产业的投入比重相对较低。1992年，全球体育用品贸易额度达到了600亿美元，但我国体育用品的出口额度仅占其中的1/200。即使在现在，人们对于体育产业的认识仍然存在很大的局限性，在体育产业的发展中，通常只是将体育产业作为推广国际贸易的一项手段，除显而易见的巨大广告效应外，其产业地位与商业价值还未得到大多数人的认识，更未成为经营活动的主体。

二、起步发展阶段

党的十四大在1992年顺利召开，同期，邓小平同志发表了“南方谈话”，确定要建立社会主义市场经济体制，并成为当时经济体制改革的重要目标，这对于进一步解放和发展生产力是极为有利的。1997年，党的十五大召开，大会提出要积极推进经济体制和经济增长方式的根本转变，并且确定了未来的行动纲领，即要将中国特色社会主义事业全面推向21世纪。在此阶段现代市场体系初步形成，与此对应的是人民生活水平的进一步提高，到2000年，城乡居民生活水平在总体上已达到小康水平。

在此背景下，我国实际上已经明确了体育改革的方向，即要在全国范围内建立起社会主义市场经济体制，建设一条符合体育运动自身发展规律的中国特色体育发展道路。1992年11月，全国体委主任座谈会在广东省中山市召开，会议明确了“逐步建立与社会主义市场经济相适应的、符合现代体育运动规律的、由国家调控并依托社会，又具备自我发展活力的体育体制及良性循环的运行机制，以形成国家办和社会办相结合、集中与分散相结合的发展格局”的改革总目标。在此次会议中，明确了要首先对足球进行市场化的改革，要将足球改革作为突破口，开始对竞技体育的改革道路进行全面的探索。这次会议对20世纪90年代以来中国体育的改革和发展产生了深远影响。此次会议后，足球、篮球、乒乓球先后进行了市场化、职业化改革的尝试。按照上述总目标，1993年5月，中华人民共和国国家体育运动委员会（简称“国家体委”）下发了《关于深化体育改革的意见》《关于运动项目管理实施协会制的若干意见》以及《关于培育体育市场、加速体育产业化进程的意见》等6份文件，明确了要将转变体育产业的运行机制作为核心，要始终面向市场，走向市场，将体育的产业化发展作为未来体育的改革发展方向。在当时的体育改革事业中，这些文件成了重要的指导性文件。在此后的一段时间内，体育管理体制实现了快速的改革。1998 年，国家体育运动委员会改组为国家体育总局，其部门性质也发生了改变，从原来的国务院职能组成部门，转变为了国务院直属事业单位，并对运动项目协会的发展道路进行了明确。此外，体育产业发展的政策与实践不断向前推进，1995 年 6 月，国家体委下发了《体育产业发展纲要》，指出体育产业是新时期教育战线面临的一项重要任务，1998 年，我国最大的股份制体育公司——中体产业股份有限公司（现更名为中体产业集团股份有限公司）正式上市。

与政府层面在政策和体制上对体育产业的推动相呼应，微观领域的体育竞技活动逐渐活跃，并出现在体育产业的各个领域，特别是 1994 年中国足球甲级 A 组联赛开始职业化，宣告了职业体育在中国的出现，也成为中国体育产业最为重要的标志性事件之一。此后，篮球、乒乓球、围棋、排球等项目相继进行了职业化改革，成为此阶段体育产业发展最为耀眼的亮点。与此同时，体育产业的其他子行业也迅速兴起，体育用品业先后诞生了李宁、安踏等民族品牌，台球馆、保龄球馆先后成为 20 世纪 90 年代健身休闲产业的代表。而 21 世纪初，连锁性质的健身俱乐部成为健身休闲产业的主力军，以《体坛周报》《足球》等为代表的传统体育传媒业迅速崛起。总体上说，体育产业在各个层面都逐渐起步，并迅速发展。

三、加速发展阶段

2002 年，党的十六大提出，要在 21 世纪头 20 年建设惠及十几亿人口的更高水平的小康社会，在优化结构和提高效益的基础上，增强综合国力和国际竞争力，建设完善的社会主义市场经济体制和更具活力、更加开放的经济体系。2007 年，党的十七大提出转变经济增长方式，提高国际竞争力，增强综合国力的发展规划。2012 年，中国成为世界第二大经济体，成为推动世界经济发展的主要引擎，对国际经济、政治的影响力日益增强，成为主导国际事务的重要力量。在此阶段，人民生活水平继续提高，人均收入，特别是财产性收入迅速增加。

2001年7月13日，在国际奥委会第112次全会上，北京赢得了2008年奥运会的举办权。北京奥运会是这一阶段体育领域的核心事件，其对体育产业的影响可分为两个阶段。一是北京奥运会的筹备和举办阶段，围绕着奥运会场馆建设，国内体育场馆建筑业得到快速发展，培养了一批优秀的体育建筑设计和施工单位；奥运会单项竞赛对器材和装备的需求，推动了国内体育器材装备产业取得长足进步，并实现了与国际市场的对接；奥运会的筹备与举办，培养了一大批具有国际视野的体育赛事管理者、各类体育赛事专业人才，为竞赛表演业及其延伸产业的发展做好了人才储备。此外，围绕着奥运会的举办，与体育产业相关的制度建设、制度创新实践也纷纷出现，2003年，三次产业划分将体育产业与文化、娱乐业一起组成文化、体育和娱乐业；2005年11月，国家认证认可监督管理委员会和国家体育总局发布了《体育服务认证管理办法》；2006年，国家体育总局颁布了《体育产业“十一五”规划》，这是我国五年规划中第一个专门的体育产业规划；与奥运会建设相配套，国家体育场“鸟巢”的建设采取了BOT（build-operate-transfer，“建设—经营—转让”）的建设运营模式，这些制度建设和体制创新实践为此后体育产业的发展奠定了制度基础。二是北京奥运会的后续阶段，奥运会的举办为体育产业留下丰富的遗产，一方面是大量现代化体育场馆资源，大量体育赛事管理人才及其他相关专业人才，以及经过奥运会洗礼的体育产业各子行业；另一方面则是奥运会引发群众参与体育运动热情的提高，有形和无形的北京奥运会遗产从供需两方面推动着奥运会后续阶段体育产业的快速发展。2010年3月，中华人民共和国国务院办公厅出台了《关于加快发展体育产业的指导意见》，为当时体育产业发展注入了强大动力，体育产业逐步由自然成长阶段向政府指导发展阶段过渡。

在此阶段，体育产业进入快速发展的轨道，2004年国外体育企业和资本大举进入中国是其标志性事件。这一年，F1（一级方程式赛车锦标赛）上海站首次登陆中国，NBA季前赛首次登陆中国，由国外资本介入经营的中国网球公开赛在北京举办。此后几年，网球大师杯赛连续几年落户上海，美国四大职业体育联盟都开始在中国设立办事机构，国外体育机构和资本大举进军中国反映了中国体育产业所具有的巨大潜力。与此对应的是，中国体育用品业涌现了众多民族品牌，以李宁、安踏、匹克为代表的体育用品企业开始赞助国外运动队，并在海外建立销售网络，加快了企业国际化的步伐，产品逐渐走向国际市场。同期，中国健身市场实现快速增长，北京青鸟、中体倍力等国内外知名的体育健身品牌不断扩大连锁规模；职业体育在政策、制度和管理体系上日趋完善，不断探索特色发展道路，越来越多的运动项目走上职业化道路；体育运动休闲项目发展迅速，形成了高端运动休闲与大众休闲相结合的运动休闲产业。

随着我国经济结构的优化，体育产业进入快速发展的阶段，体育产业结构发生变化，赛事组织、场馆建设、信息咨询、技术培训等比重逐步提高，各子行业均出现了具有一定代表性的知名品牌。

四、全面发展阶段

2012年，党的十八大召开，大会强调中国改革开放和经济社会发展开始进入一个新的时期，核心问题就是处理好政府和市场的关系，使市场在资源配置中起决定性作用，以及更好地发挥政府作用。面对金融危机以来世界经济发展整体减速，国内改革进入深水区，深层次矛盾逐渐凸显的局面，我国的经济继续高速发展的主客观条件都不具备，经济发展进入“新常态”，即在经济结构不断优化升级的前提下，经济发展速度由高速过渡到中高速，经济发展方式从要素驱动、投资驱动转向创新驱动，扩大内需、促进消费成为继续推动经济增长的主要着力点。

经济增长速度放缓，经济结构的优化升级对新时期体育产业的发展提出了新的要求。2014年10月20日，国务院下发了《关于加快发展体育产业促进体育消费的若干意见》（以下简称《意见》），这份文件既是中国体育产业发展的纲领性文件，也是中国体育发展史上又一个重大里程碑式的事件。《意见》指出，“到2025年，基本建立布局合理、功能完善、门类齐全的体育产业体系，体育产品和服务更加丰富，市场机制不断完善，消费需求愈加旺盛，对其他产业带动作用明显提升，体育产业总规模超过5万亿元，成为推动经济社会持续发展的重要力量”。根据这一发展目标，确定了6项主要任务以及7项推进措施，体现了《意见》的可操作性。《意见》还将全民健身上升为国家战略，与“健康中国”的国家战略实现了对接，指出了未来体育产业新的发展方向。2015年3月8日，中共中央、国务院发布的《中国足球改革发展总体方案》，指出足球改革要坚持“举国体制与市场机制相结合”“足球事业与足球产业协调发展”，从顶层设计层面为中国体育事业与体育产业的协调发展指明了方向。

国务院《关于加快发展体育产业促进体育消费的若干意见》的发布为我国体育产业的发展注入了新的推进剂，使体育产业进入全面发展的阶段。

首先，各类社会资本纷纷进军体育产业。2015年，中国最大的网络社交平台腾讯集团旗下腾讯体育，花费5亿美元天价取代了新浪，成为2016—2021年NBA中国数字媒体独家官方合作伙伴。大型企业集团投巨资进入体育产业是我国体育产业进入全面发展阶段的标志性事件。

其次，群众自发的健身与竞赛活动蓬勃发展，逐渐向专业化和正规化方向转变，以马拉松为例，从中国田径协会全面取消对马拉松赛事的审批以来，各地马拉松赛事纷至沓来，且参赛资格往往需要摇号抽取，群众的健身热情可见一斑。相关的体育赛事经营公司成长迅速，智美集团便是其中的典型代表。而足球等集体性运动项目，民间自发的竞赛组织如雨后春笋般涌现，并表现出区域联盟化的态势。自上而下和自下而上两股作用力共同促成体育产业资源内外整合，产业规模不断扩张，产业的品质不断提升。

体育产业各子行业内的企业都在积极行动，为今后产业快速发展布好局，起好步，体育用品制造企业，如安踏、李宁等开始寻求与科技企业合作，以期在可穿戴智能装备、“互联网＋体育”领域达到国际先进水平。健身娱乐业也开始利用互联网平台寻求业务的进一步拓展，体育传媒企业则在其上、下游寻求突破，以期构建从转播到内容再到设备的全产业链生态，腾讯体育是其中的典型代表。此阶段体育产业发展的特征是政策推动有力，资本介入强势，行业覆盖全面。可以相信，中国体育产业发展将迎来新的契机。

第二节　体育产业发展现状分析与研究

进入经济全球化的21世纪，随着我国加入世界贸易组织（WTO），经济的发展也迎来了良好的发展契机。加入WTO后，我国不仅享有世界贸易组织正式成员的权利，与其他国家进行资源共享，而且还可以引进世界先进的理念和科学技术，为我国的经济发展提供有力的保障，对我国经济的发展具有重要的意义。作为体育发展的基础，经济的发展也必将带来体育事业的发展，两者相互依存、相互关联，尤其在我国市场经济高速发展的今天，两者的依存关系更为明显。

体育产业的发展受到我国经济总体发展水平的制约，因此，分析体育产业的现状对于全面认识我国经济发展水平，为其提供合理化建议和举措具有至关重要的作用。

体育产业是为满足人们对体育消费的需求而使体育产品或体育劳务进入市场运作的产业门类。具体来说，体育产业几乎涵盖了所有与体育相关的各种经济活动，如体育服装、体育器材等物质，体育广播、广告宣传、赛事转播等信息产品以及体育旅游、场地租赁、体育竞赛等体育劳务。由此可见，作为新兴的第三产业，体育产业具有广阔的覆盖面和较高的产业关联度，涉及国民经济的各个行业，如生产制造业、建筑业、信息服务业等。这是目前我国体育产业发展过程中普遍存在的现状。

一、体育产业对国民经济的影响调查与分析

（一）体育产业对 GDP 的贡献调查

随着体育产业商业价值的不断增长，体育产业也成为国民经济和社会发展中不可缺少的一个重要组成部分，国际竞争力也在不断提升。尤其是随着近年来我国经济的高速发展，人们的消费水平也有了很大提高，我国体育产业的发展更是出现了新的高潮。体育产业的总产值和增加值，每年都呈现出快速增长的趋势。2015 年，体育产业增加值达到 982.89 亿元，2016 年达到 1265.23 亿元，2017 年达到 1658.62 亿元，在这三年中，体育产业对于 GDP（国内生产总值）的贡献率依次为 0.47%、0.51%、0.55%，同样也呈现出逐年上升的趋势。而在国家体育总局、国家统计局联合发布的 2018 年度全国体育产业总产出和增加值数据中，2018 年全国体育产业总规模（总产出）为 26579 亿元，体育产业增加值为 10078 亿元，首次突破 1 万亿元，体育产业增加值占国内生产总值的比重为 1.1%。2019 年我国体育产业总规模已经突破 3 万亿元，提前完成了“十三五”规划的目标。

由此可见，在国民经济发展中，体育产业所占据的比例呈现出逐渐增长的趋势。

（二）体育产业对 GDP 的贡献分析

从当前我国体育产业发展的总体状况来看，与发达国家相比，其总产值在国民经济中所占据的比例较小。这表明，我国体育产业的发展仍存在巨大的潜力，未来需要进一步挖掘。需要注意的是，当前，我国体育产业所创造出来的价值，与我国所处的国际地位之间还存在较大差距。这就表明，我国体育产业的发展还存在巨大的上升空间。同样，时任国家体育总局经济司司长刘扶民对于 2018 年的数据做出总结：从数据看，2018 年我国体育产业总规模、增加值大幅提高，总规模较 2017 年增长 20.9%，产业增加值较 2017 年增长 29%，显示出强劲的增长潜力和巨大的市场空间。因此，在未来的发展中，我们要给予体育产业的发展更多的支持和关注，全面实现体育产业对于国民经济的巨大拉动作用。

二、对体育产业结构的调查与分析

（一）对体育产业结构的调查

近年来，多项体育产业所获得的产值都呈现出逐渐增长的趋势，尤其是体育服务业、体育用品业、体育建筑业表现得最为明显。从 2013 年到 2017 年，体育用品业的产值增加了 910.69 亿元，并且在体育产业的整体增加值中，体育用品业始终占到了 76% 以上。与 2013 年相比，2017 年体育服务业的增加值达到了 264.11 亿元。与其他体育产业相比较，体育服务业的增长速度较慢。但近年来这种情况有所改善，从体育产业内部结构看，体育服务业保持良好发展势头，2018 年时增加值为 6530 亿元，在全部体育产业中占比达 64.8%，其中体育用品及相关产品销售、出租与贸易代理规模最大，增加值为 2327 亿元，占全部体育产业增加值比重为 23.1%。此外，体育用品及相关产品制造的增加值为 3399 亿元，占全部体育产业增加值比重为 33.7%。体育场地设施建设增加值为 150 亿元，占全部体育产业增加值比重为 1.5%。

随着我国各界人士对体育产业重视程度的不断加深，国家体育产业基地和国家体育产业示范基地的建设数量也在不断增加。当前，体育产业各门类正在朝协同融合的方向发展，产业组织的形态更加丰富，产业结构也逐渐呈现合理化趋势。尽管人们对于体育产品和服务的需求不断增长，但相关体育产业的增长始终能够满足他们的需求，并且体育产品和服务的种类也更加多样化。一批体育企业大量涌现出来，不仅有具有国际影响力的龙头企业，还有众多富有创新活力的中小企业，大量的体育社会组织也纷纷出现，并逐渐形成了一批具有鲜明特色的体育产业集群。

（二）对体育产业结构的分析

对于一个完整的体育产业体系来说，其是由核心层、外围层、相关层等多个层次共同组成的，在各个层次内部、各个分支行业之间都存在一种极为密切的联系。对于体育服务业来说，能够促进体育产业发展的原动力是健身娱乐业、竞赛表演业。因此，想要实现整个体育产业的繁荣发展，就必须大力推动本体产业的发展。

当前，我国体育产业结构方面存在的问题是，核心产业发展的动力不够充足，体育用品业仍然占据体育产业结构的主体，体育服务业的主导作用无法发挥出来，并且在体育产业的内部结构中还存在着多项矛盾，始终无法解决。

从当前我国体育产业发展的总体形势来看，如何调整体育产业的结构，已经成为体育产业进一步发展的重点。要想实现体育产业持续、健康的发展，就必须改变体育产业结构失衡的情况。

三、体育产业从业人员情况调查与分析

（一）对体育产业从业人员的调查

当前，体育产业的发展已经引起了国家各个方面的重视，力

图通过制定一系列的政策措施来实现体育服务业的快速发展。体育服务业隶属于第三产业，在第三产业的结构中，要不断提升体育服务业所占的比例，拉动体育服务产业的发展，将其发展成为国民经济的主导产业之一。这样可以实现对国民经济结构的调整及优化，同时对于经济增长方式的转变也会产生重要的推动作用，能够缓解当前我国资源短缺对经济发展的制约作用，实现对资源的合理利用。

调查表明，在 2017 年，我国体育产业的增加值超过 1000 亿元，在国内生产总值中达到的比例已经超过了 0.7%，在体育服务产业内的从业人员达到了 400 万人。从这里也可以看出，体育产业的发展已经成为拉动国民经济增长的一项重要驱动力。

（二）对体育产业从业人员的分析

体育产业的从业人员，实际上主要指的是体育服务业的从业人员，其所占的人员比例是最大的。因此，在这里我们只对体育服务业的从业人员进行分析。

体育服务业属于第三产业，其在吸纳人员就业方面具有独特的优势。这是因为，体育服务行业所涉及的范围极为广泛，包含的门类繁多，产业种类多样，劳动密集、技术密集、知识密集行业并存，无论是就业还是创业，发展方式都灵活多样，产业内部设有大量的人员岗位，因此可以为不同层次的人员提供大量的就业机会。

但需要注意的是，我国体育服务业发展的速度不尽如人意，因此从吸纳的就业人数来看，始终无法与体育用品业相提并论。此外，体育服务业在整个体育产业中所占的比例也较低。

从当前体育产业的就业结构中就可以看出，实际上我国体育服务产业的发展仍然处于较低的层次，整个体育产业内部结构的平衡性较差。

四、未来体育产业对我国经济的影响

（一）产业领域不断扩大，电视转播权和冠名权经营效益显著

随着体育产业的不断开发，领域不断加大，体育产业在赛事的冠名权和电视转播权方面取得了很大的成果。体育产业要想发展得更远，一定要借助电视的转播和冠名等方式。一是人们对体育赛事的关注在提升，电视播放的效益会加速体育产业的发展。二是通过电视转播，在转播中插入广告宣传企业和产品不但能够提升企业的知名度，还能够加速产品的销售，促进商品经济的发展。近几年我国体育的收入基本来自赛事冠名费，在体育产业规模不断扩大的今天，体育产业所带来的经济效益将会是一笔巨大的数字。

（二）体育产品的销售成为大众消费热点

体育产品的销量能够反映城市的生活和消费水平。体育产业通过媒体传播吸引了大批的爱好者并促进了他们参与体育活动，体育产品也顺势成了大众消费者的热销商品，而这些热销产品促进了我国经济的发展。调查表明，体育产品支出在人们日常生活消费中排在第五位，随着体育事业的蓬勃发展，体育产品的市场也将随着人们对体育事业的热爱而逐步扩大。

（三）体育产业快速发展带动相关产业的发展

与体育产业相关联的产业非常广泛，体育产业的发展带动了电子产业、食品产业、机械、建筑、纺织等产业的发展，除此之外，它对旅游业、保险产业、广告及证券等产业的发展也有一定的促进作用。体育产业对中国现代经济发展的作用是众所周知的，以贵州山地户外运动赛事为例，旅游业直接从赛事中获益，大量的游客借助到贵州参加比赛的机会，游览贵州的旅游景点和名胜古迹，这极大地促进了贵州旅游业的发展，同时也带动了经济的发展。另外，体育产业的发展

也给餐饮产业、住宿产业、交通产业、购物产业、服务行业带来了巨大商机。事实证明，体育产业的快速发展可以带动相关产业的发展。

第三节 中国体育产业发展中的不平衡问题

一、我国体育产业发展的不平衡现象

关于我国体育产业发展现状，传统的主流体育产业理论认为：目前，我国体育产业的发展存在明显的不平衡状况，不仅体现在东西部之间、沿海与内地之间、城乡之间等区域间的体育产业规模和体育消费水平上，而且体现在各运动项目之间、体育产业类型之间的产业开发上，这种不平衡严重地制约了现阶段我国体育产业的发展。一些学者的研究结果也证实了这一点，即我国经济发达地区与体育运动水平较高地区的体育产业发展水平明显高于经济欠发达地区和体育运动水平相对落后地区。我国体育产业发展地区差距很大，体育产业主要集中于北京、上海等直辖市，以及沿海经济发达地区和大、中城市，中、西部地区及中、小城市体育产业发展水平远不及沿海经济发达地区和经济发达、现代化水平较高的大、中城市。

诚然，现阶段我国体育产业发展不平衡，其原因是多方面的，除了受到社会经济发展水平的制约，还受各地区体育事业发展水平的影响；各地区、不同人群的收入水平、职业特征和文化背景等，各运动项目的技战术水平、普及程度、观赏性，以及在国际上取得的成绩等方面的不同，对其产业资源价值、市场容量和效益也都有着很大的影响，这些都是不可避免的一些客观因素。

但是，现阶段我国体育产业发展的目标是否就是一定要达到某种意义上的平衡，或者说只有各方面都平衡才能有利于现阶段我国体育产业的发展，这确实是一个值得深思的问题。

二、核心产业非均衡发展

从我国的体育产业发展数据来看，体育产业规模不断拓展，体育产业发展交出了一份华丽的成绩单，但从体育产业的构成指标的细化分析来看，表现出了核心产业非均衡发展的问题。具体表现为体育核心产业产值和增加值的规模偏小，且体育用品和相关制造业总产出与增加值较为明显，虽然看似体育产业在创新中得以发展，但进入产业体系的相关主体增多，并不代表产业创新进入新领域。体育产业的发展，要以协同、均衡为前提。

三、产业集群理论对我国体育产业发展不平衡的解释

产业集群理论伴随着产业集群实践的发展而逐步展开，自 19 世纪末马歇尔提出产业区问题以来，距今已有 100 多年的历史。这期间，由最初的适应传统产业集群的外部规模经济理论扩展到目前适合高新技术产业集群的创新优势理论，产业集群理论的发展可谓日新月异，并对产业的发展起到了积极的促进作用。其中，无论是工业化前期的马歇尔产业区理论、韦伯的集聚经济理论，还是工业化后期的新产业区理论、新产业空间理论、新经济地理理论等，甚至进入 20 世纪 90 年代后的知识经济时代的区域创新环境理论、区域创新系统理论等，对解释我国现阶段体育产业发展不平衡的现实性、合理性，乃至必要性等方面都有一定的理论指导意义。

产业集群理论告诉我们，虽然整个人类的生产技术水平和组织方式发生了巨大变化，但集群现象却始终存在，并与产业发展实践保持着同步发展的态势，它对我国现阶段体育产业发展不平衡的解释是：因为区域因素导致了运输和劳动力成本的不同，因为集群因素产生了在某一地点集中的专门化优势；还有就是集群区域企业间的经济合作、战略联盟、投入产出联系等产生的促使经济增长的内力，即体育产业发展不平衡在某种程度上是一种市场经济自然整合的产业集群效应，

其结果是通过区域间的合作和竞争规则，最终促进整个体育产业的总体发展。所以，某种意义上的不平衡不见得是现阶段我国体育产业发展的阻碍，相反，在一定程度上是一种正面的积极因素。现阶段，我国体育产业发展的不平衡现象，无论是体育产业布局方面的不平衡，还是体育产业结构方面的侧重不一，都反映了上述产业集群理论中的种种观点。

四、我国体育产业结构失衡

近年来，受益于我国体育领域指导意见的陆续出台，全民体育上升为国家战略使我国体育产业发展取得了较好的成绩，但与此同时，我国体育产业还存在结构不均衡的问题。

调查显示，我国体育用品虽然占据全部体育产业产值的80%左右，但体育服务业发展滞后，对比欧美发达国家80%的占比，存在较大的差距。因此，我国要积极调整产业链，大力发展体育服务业，这既符合中国体育产业发展的需求，同时也符合国际体育产业的通行惯例。

探究我国体育产业结构失衡的原因，一方面是目前我国体育服务产业的有效供给不足，在体育服务领域，缺乏大中型企业，而中小型企业中又普遍存在经营场所不合理、设施不足的问题，这些问题直接导致了我国居民体育服务消费需求得不到释放。

另一方面是人们的体育消费意识不强，仍有一部分人认为没有必要在体育服务上花费，这导致我国中低端体育服务消费不足；同时受到土地、环境等限制，一些高端体育服务消费项目如高尔夫等供应存在大量缺口。

随着居民消费水平的普遍提高和健康意识的增强，我国居民在健康管理方面的需求将进一步被激活，加之我国体育产业发展的重心由竞技体育逐渐转向全民体育，我国体育服务产业将迎来利好发展。

发展体育服务业，首先要认识到体育服务业的发展是体育产业结构的一次转型升级，同时，也是现有制度的改革和转换的过程，因此必须先在制度上取得突破，逐步建成开放、竞争的体育市场体系，随着赛事审批的取消、政社分开、政企分开、管办分离，体育行业协会与行政机关脱钩逐步实现，我国体育服务行业的商业化程度将大大提高。

其次，未来体育产业由体育制造业向体育服务业延展，应以运动项目为中心，积极寻求体育产业与其他产业的融合式发展，如体育旅游、运动医疗等，另外，还需要不断提升互联网技术在体育产业发展中的应用能力，为体育服务消费提供更多便利。

第二章　体育产业结构与产业政策

第一节　体育产业结构的发展演进及理论认知

一、体育产业结构的演进

（一）体育产业结构演进的机制

体育产业结构的演进是一个复杂且动态的过程，这一过程主要受到技术进步、制度创新等因素的驱动，从低级状态逐步向高级状态转变，同时内部各组成要素之间的协调性和适应性也在不断增强。这一演进过程可以归结为两种机制：自组织机制和他组织机制。以下是对体育产业结构演进机制的详细分析。

1．自组织机制

体育产业结构的演进是一个在技术进步和制度创新等因素驱动下，由低级向高级转变的复杂动态过程。这个过程的核心在于体育产业系统内部的自组织机制，其运行依赖于以下几个关键方面：

（1）前提条件：开放性。体育产业结构的演进以开放性作为其先决条件。体育产业作为宏观经济的一个关键构成部分，展现为一个复杂且多层次的系统。其内部各个组成部分之间通过相互影响、依赖、促进和制约，构建了一个紧密的关联网络。这种关联效应不仅意味着体育产业内部各部门的发展紧密相连，任一部门的变化都将波及其他部门，而且它们之间的技术经济联系是持续且频繁的。

体育产业结构的自组织特性正是基于这种经济联系之上的。体育产业的最终目标是向市场提供多样化的体育产品和服务，以满足不同群体的需求。为实现这一目标，体育产业依赖于各种生产要素的供给，这些要素需要在生产要素市场上获取。此外，体育产业在生产过程中还需要从外部环境中收集信息，以减少生产的盲目性，确保生产的持续性和有效性。

（2）直接诱因：远离平衡态。体育产业系统的演进受到其内部非平衡态的直接驱动。这种非平衡性主要体现在体育产业内部各要素之间的显著差异上，这些差异涵盖了收益率、增长速度、需求扩张以及各要素在产业中的地位和作用等多个方面。

在体育产业中，不同子产业的发展速度并不均衡。例如，相较于体育用品业的快速发展，体育产业的核心领域如体育竞赛表演业和体育健身娱乐业的发展相对滞后。特别是体育竞赛表演业，其发展速度往往慢于体育健身娱乐业。这种发展不平衡性反映了体育产业内部结构的多样性和复杂性。

科学技术的进步是这种非平衡态演进的重要推动力。随着新技术的不断涌现，传统的生产工具逐渐被先进的生产工具取代，这促使了新兴体育产品的涌现和原有产业的转型升级。技术进步不仅改变了体育产品的生产方式，也影响了消费者的需求和消费习惯，进一步加剧了体育产业内部的不平衡性。

因此，体育产业内部各要素之间的非平衡性和差异性是体育产业发展的常态。这种非平衡态为体育产业的演进提供了直接诱因，推动了体育产业结构的优化和升级。通过不断适应和应对这种非平衡态，体育产业能够保持其活力和竞争力，实现可持续发展。

（3）内在依据：非线性作用。在体育产业结构的演进过程中，非线性作用构成了其内在的根本驱动力。这种非线性作用体现在体育产业这一多层级复杂体系中，各组成要素在数量、性质上的相互独立性和差异性上。具体而言，体育产业中的各个要素之间并非简单的线性关系，而是存在着复杂的、非线性的相互作用机制。

这种非线性作用主要体现在以下几个方面：首先，技术发展的非线性效应推动了体育产业内部生产力的提升，进而促进了社会分工的细化和新的产业分工的形成。其次，技术的快速发展和应用提高了劳动生产力，导致了劳动力的转移和产业结构的变化。再次，技术进步不仅刺激了需求的增长，还影响了需求结构的变化，进而推动了产业结构的调整。此外，技术的发展还促进了夕阳产业的淘汰、原有产业的改造和新兴产业的兴起，进一步优化了生产结构。最后，技术的进步与增强国际竞争力密切相关，推动了对外贸易的发展，从而对产业结构产生了深远的影响。

在体育产业结构的演进中，非线性作用是其形成有序结构和复杂性的重要内在依据。正是由于这种非线性作用，体育产业内部的各个要素能够相互作用、相互影响，从而推动产业结构的自组织演变，实现产业的持续发展和优化。

（4）触发器：涨落。在体育产业结构的动态演进过程中，涨落现象扮演着触发器的角色。尽管体育产业在一段时间内保持相对的稳定性，其内部各要素之间的关联也相对稳定，但从微观层面观察，体育产业内部时常会出现各种波动。

这些波动，如劳动力、资金等要素的流动，导致体育产业产值出现起伏变化。当这些起伏变化仅限于产业内部的正常波动，且不足以对整体产业结构稳定性产生显著影响时，我们称之为微涨落。微涨落是体育产业内部的一种常见现象，它通常不会打破原有的产业结构。然而，在某些特定条件下，某些涨落现象会显著超出正常范围，对产业结构产生显著影响，我们称之为巨涨落。巨涨落通常是在系统接近失稳临界点时被放大的微涨落，它会导致体育产业系统的高度不稳定。当巨涨落发生时，原有的产业结构模式将发生变化，新的产业结构随之形成。

因此，涨落在体育产业结构演进的临界点上发挥着关键作用。只有当原有的产业结构稳定性被打破，并建立起新的有序结构时，我们才能说体育产业结构实现了一次演进。涨落作为触发器，对于新的体育产业结构的形成具有不可或缺的作用。

2．他组织机制

体育产业结构的演进确实是一个受控的过程，既受内在机制即自组织的推动，也受到外在干预即他组织的影响。从他组织的角度来看，这种控制主要体现在政府为达成国民经济整体发展目标而对体育产业结构进行的协调和调整。

政府的宏观调控作为他组织机制的核心，在体育产业结构演进中发挥着关键作用。政府作为宏观经济主体，基于国家经济发展的现状，通过运用宏观经济手段、产业政策等工具，对体育产业内部资源的配置进行干预和引导，以实现体育产业结构的优化和升级。

政府在体育产业演进中的宏观调控功能体现在多个方面。首先，政府设定了体育产业发展的目标、重点和规模，为体育产业结构的演进提供了方向。其次，政府通过经济手段（如税收、财政、补贴等）和产业政策，对重点产业进行扶持，抑制产业间的不平衡发展，并采用行政命令、法律法规等强制手段确保政策的有效实施。此外，政府还通过推行产业政策，构建了与市场经济体制相契合的现代竞争微观基础，这有助于协调市场供需关系，为体育产业发展营造有利的市场环境。最后，政府在公共建设和组织方面发挥作用，为体育产业发展创造健康的社会环境，推动体育产业结构的优化升级和产业发展目标的顺利实现。

因此，政府的宏观调控在体育产业结构演进中发挥着重要的他组织作用，通过设定方向、调整政策、营造环境和强化支持等方式，推动体育产业结构的优化和升级，实现国家经济发展的整体目标。

（二）体育产业结构演进的趋势

体育产业结构的演进趋势主要表现在以下几方面：

1．转变

体育产业正在经历一个由实体产品向服务产品转变的过程。在早期，体育产业主要提供实体商品，服务型产品相对较少，体育服务与体育实物产品的比例较低。随着经济的快速增长和人们收入的提高，人们开始拥有更多的空闲时间，对高品质生活的追求也日益增强，这推动了体育产业的快速发展。从20世纪六七十年代起，特别是在西方发达国家，体育产业的发展水平显著提升。在这个阶段，体育健身和娱乐、体育竞赛和表演等核心产业迅速发展，带动了相关体育产业的发展。体育服务业的地位逐渐上升，传统的体育用品制造业则面临挑战。

2．高端化

进入21世纪，体育产业的发展正日益向高端化迈进，这主要得益于高新技术产业的推动。随着知识经济和知识产业的快速发展，那些依赖知识和技术的产业，如知识密集型和技术密集型产业，发展势头迅猛。与此同时，传统的劳动密集型产业则面临挑战。大规模的批量生产逐渐被更加灵活的生产方式取代。体育产业的优化和升级离不开科技进步的支撑，核心技术的创新是推动体育产业向高端化发展的关键驱动力。

3．合理化

近年来，体育产业的结构调整趋向更加合理化。在资源有限的条件下，体育产业内部各部分之间的资源分配正在变得更加均衡和高效，这有助于推动整个产业的协调发展，并提高整体的经济和结构效益。具体来说，体育产业合理化的趋势体现在以下三个方面：

（1）动态调整：体育产业能够根据市场需求的变化，灵活调整资源配置，以满足不断变化的消费需求。

（2）静态平衡：在静态状态下，体育产业内部各部分的资源分配已经达到了一个相对合理的比例，确保了各个部分都能获得必要的资源支持。

（3）供需平衡：从效果上看，体育产业能够实现各类体育产品的供给与需求之间的动态平衡，保持市场的稳定和健康发展。

4．高效化

体育产业正在追求更高的效率和效益，这不仅意味着整个体育产业需要实现良好的经济回报，而且要求产业内部的各个组成部分也要达到高效率。各个地区和体育产业的各个领域都应该充分利用各种资源，努力降低成本，提高利润和社会效益，从而推动体育产业的整体高效化。

体育产业作为一个有机的整体，其经济效益的提升有助于推动结构效益的提升。然而，体育产业的整体经济效益并不是简单地将各个组成部分的经济效益相加，而是需要通过各部分的协调发展和整体优化来实现。

5. 区域结构协调化

体育产业的区域结构正在朝着更加协调一致的方向发展。如果各个地区的体育产业都能够实现高效率、高技术和合理的资源配置，那么整个国家的体育产业结构就会更加平衡和谐。目前，我国各地区都在积极整合本地资源，发挥各自的优势，同时考虑到全国体育产业的整体优化需求，努力实现体育产业的空间布局更加科学和合理。

具体来说，各地区都在根据自己的资源特点，制定相应的体育产业发展策略，以促进本地体育产业的发展。同时，各地区也在考虑如何与全国体育产业的整体发展相协调，以实现区域之间的互补和协同发展。通过这种方式，体育产业的区域结构将更加均衡，有利于整个产业的可持续发展。

二、体育产业结构理论认知

（一）体育产业结构的概念及研究

1. 体育产业结构的概念

体育产业结构是产业经济学研究领域中的一个重要分支，它关注的是体育产业内部各个生产部门之间的相互关系以及它们之间的比例构成。具体来说，体育产业结构涉及体育产业中不同部门在技术经济层面的相互联系，以及它们在体育产业总产值中所占的份额。这些联系和比例反映了体育产业内部的相互依赖性和制约关系，同时也揭示了体育资源以及其他经济资源在整个体育产业中的分配状况。简言之，体育产业结构揭示了体育产业内部的运作机制和资源配置情况。

2．体育产业结构的研究

我国经济产业结构的层次，见表 2-1。

表 2-1　国民经济产业结构层次

层次	内容
第一层次	三大产业间的结构比例关系
第二层次	三大产业内部各行业间的结构比例关系
第三层次	某行业内的分支各行业的结构比例

根据表 2-1 可知，本节所探讨的体育产业结构是经济产业结构中的一个细分领域，属于第三层次。体育产业是一个综合性行业，它结合了第二产业和第三产业的特点，因此，在研究体育产业结构时，不能仅仅局限于第三层次，而应该采用更宽广的视角。

在体育产业结构中，各个子行业之间存在着紧密的联系，并且这些部门之间的互动非常频繁。这种联系在体育产业的各个组成部分之间，以及它们之间的连锁和反馈效应中表现得非常明显。例如，体育健身和娱乐业的增长可以推动体育用品行业的发展，体育传媒、经纪和广告业的发展则依赖于体育竞赛和表演业的繁荣。体育外围产业的发展需要体育核心产业的推动，反之亦然。在整个体育产业链中，每一个环节都对整个产业的发展起着至关重要的作用。

因此，为了全面理解体育产业结构的合理性，研究时需要综合考虑体育产业结构的所有构成要素和环节，并将它们作为一个整体来进行分析。研究应该包括定性分析和定量分析，同时还需要关注不同要素之间、不同结构之间以及要素与结构之间的相互关系。

（二）体育产业的基本结构形态

1．体育产业的投资结构

体育产业的基本结构形态中，投资结构是一个关键组成部分。体育产业的投资结构指的是在一定时期内，社会对体育产业各行业的总投资分布。这个投资结构可以进一步细分为存量结构和增量投资结构两种类型，其中存量结构可以看作增量投资结构稳定下来的状态。

在研究体育产业结构时，投资结构是一个不可忽视的重要方面。调整投资结构是改变体育产业结构的主要途径之一。存量结构和增量投资结构的调整对体育产业的整体优化有着不同的影响，具体如下：

（1）存量结构调整：这是优化体育产业结构的基础工作。它主要涉及将资源从体育产业中效率较低的部门转移到效率较高的部门，促进资源的重新配置和部门之间的重组。

（2）增量投资结构调整：这种调整对未来体育产业的生产与消费关系、地区分布以及内部各行业的发展变化等方面有着深远的影响，甚至可以说是决定性的影响。通过调整增量投资结构，可以引导体育产业未来的发展方向。

重要的是，增量投资结构的调整是实现存量结构调整的有效手段。通过合理规划增量投资，可以逐步引导存量资源向更有效率的部门流动，从而推动体育产业结构的优化和升级。

2．体育产业的产值结构

体育产业的产值结构可以分为外部结构和内部结构两个方面，它们共同决定了体育产业的总体发展状况。

（1）体育产业产值的外部结构：这是指体育产业在经济发展总量中所占的比重，它反映了体育产业在整个经济中的地位和作用。随着人们对高质量生活、时尚和个性化需求的增加，体育服务成为满足这些高层次需求的重要途径。体育产业的外部结构体现了人们对体育服务需求的层次，这种需求层次随着经济的发展而提高。因此，体育产业在国民经济中的地位越重要，其产值的外部结构所占份额就越大。

（2）体育产业产值的内部结构：这是指体育产业总产值在各个分支行业之间的分配比例。通过分析内部结构，可以了解体育产业内部各行业的协调性和特色。一个国家或地区的体育产业内部结构，可以反映出该国家或地区体育产业的特点和发展重点。

体育产业作为一个整体，由核心的本体产业、相关的支持产业和外围的辅助产业共同构成。本体产业是体育产业发展的核心，它的发展可以带动相关产业和外围产业的发展。例如，健身娱乐业的发展可以增加对体育用品的需求，从而推动体育用品产业的发展；竞技表演业的发展可以提高体育竞技水平，激发人们的体育热情，进而增加体育人口，为体育经纪业、传媒业、广告业等提供发展保障。

体育活动对经济的影响是巨大的，它不仅通过本体产业的发展来实现，还需要相关产业和外围产业的发展来扩大这种影响，从而创造更多的经济价值。同时，相关产业和外围产业的发展也会反过来促进本体产业的发展，为本体产业提供广泛的群众基础、物质保障和技术支持。

因此，在优化体育产业产值结构的过程中，需要平衡和协调不同类型产业之间的产值份额，以促进整个体育产业的协调和可持续发展。

3．体育产业的需求结构

体育产业的需求结构反映了体育市场中不同类型需求的组合和数量分布。体育市场的需求可以根据不同的标准进行分类，具体如下：

（1）国内需求和国外需求。

体育需求可以根据市场形成的地理位置分为国内和国外两大类。随着经济全球化的不断推进，体育产业的发展也在逐步超越国界，向国际化发展。这种国际化趋势在全球性的体育赛事，如世界杯、NBA、奥运会中得到了明显的体现。

（2）中间需求和最终需求。

①中间需求。这是指将体育产品（无论是实物还是服务）作为生产过程中的中间投入所产生的需求，也被称为“生产消费需求”。例如，健身俱乐部购买健身器材就属于中间需求。

②最终需求。这是指体育产品在消费过程中的最终使用，也被称为“生活消费需求”。例如，消费者支付健身俱乐部会费以参与健身活动，这便是最终需求的体现。

（3）政府需求和私人需求。体育需求还可以根据需求主体的不同，分为政府需求和私人需求。

①政府需求。体育活动作为一种社会公益事业，具有积极的正外部效应。目前，许多国家的政府都积极推动体育设施建设和体育事业的发展。因此，政府对体育产品的需求日益增长，如举办运动会、组建运动队等。

②私人需求。如果体育市场已经成熟，私人需求将成为体育需求的主体。体育产业的发展需要市场需求的推动，分析研究私人需求对于制定体育产业发展战略、调整体育产业结构、促进体育产业的快速发展至关重要。

体育产业的需求结构是多元化的，包括了来自不同地域、不同消费阶段以及不同需求主体的需求。这些需求的多样性和复杂性要求我们在制定体育产业发展战略和优化产业结构时，必须全面考虑和分析这些不同的需求因素。

4. 体育产业的就业结构

体育产业的就业结构指的是在体育产业中劳动者的分布和构成情况，它由外部就业结构和内部就业结构两部分组成。

（1）体育产业的外部就业结构：这是指体育产业在整个就业市场中所吸纳的就业人数占总就业人数的比例。它反映了体育产业在整个经济中就业吸纳能力的大小。

（2）体育产业的内部就业结构：这是指在体育产业内部，不同行业或部门吸纳就业的比例。它揭示了体育产业内部各行业对劳动力需求的差异。

劳动力是任何产业发展的关键经济资源。一个产业如果能够吸引到足够数量且素质较高的劳动力，就具备了发展的基础。相反，如果一个产业缺乏劳动力，那么它的发展潜力将受到限制。因此，劳动力的流向和结构变化对体育产业结构的发展趋势和调整具有重要影响。

同时，体育产业的发展状况也会影响就业结构。随着社会对体育产业需求的增加，体育产业的就业机会也会相应增多。然而，如果体育产业的技术进步较快，可能会减少对劳动力数量的需求，但对劳动力素质的要求会提高。

总的来说，体育产业的就业结构是产业发展的重要组成部分，它与劳动力的供需状况紧密相关，并且相互影响。理解体育产业的就业结构对于制定产业政策、优化资源配置、推动产业可持续发展具有重要意义。

（三）体育产业结构的特征

1．整体性特征

体育产业结构具有显著的整体性特征，这一特征源于其作为一个复杂系统的内在属性。从系统论的角度来看，体育产业结构并非其组成要素的简单集合或叠加，而是这些要素之间相互作用、相互依存关系的总和。这意味着，离开了要素间的这种复杂关系，体育产业结构本身是无法单独存在的。

体育产业的组成要素主要包括为社会公众提供体育产品和服务的活动，以及与这些活动密切相关的其他活动。这些活动之间形成了紧密的关联效应和复杂的耦合关系，使得体育产业不是一个简单的集合体，而是一个相互依存、相互作用的产业群体。

正因为体育产业内部各要素之间的这种紧密联系和相互依赖，使得体育产业能够产生强大的集体效应。这种集体效应并非简单由各要素的功能相加而来，而是各要素在相互作用中产生的超越性的整体效果。换句话说，体育产业的整体效应远大于其各个部分的功能总和。

因此，要全面理解和把握体育产业结构，必须从其整体性特征出发，深入分析各要素之间的关联效应和耦合关系，以及这些关系如何共同作用于体育产业的整体发展。只有这样，才能准确把握体育产业结构的发展趋势和演变规律，为体育产业的可持续发展提供有力支持。

2．自发性特征

体育产业结构的演进与优化具备显著的自发性特征，这种自发性源于其系统内部固有的自我调节机制。体育产业结构并非静态不变，而是持续处于动态变化之中，这种变化不仅体现在其结构本身上，还体现在其内部各要素以及外部环境之间的相互作用上。

体育产业结构的自发性主要体现在其能够通过内部机制自发地进行自我组织与调整，推动产业结构的升级与优化。这种自我调节机制仿佛有一只“看不见的手”在操纵着体育产业经济系统中的各个子系统，促使它们协同工作、相互竞争，以实现整体结构的优化和升级。

具体来说，体育产业内部的不同子系统之间存在着复杂的相互作用关系，包括协同与竞争。协同作用使得各子系统能够共同合作，促进体育产业的整体发展；竞争作用则推动了各子系统之间的创新和改进，以获取更多的资源和市场份额。这些相互作用共同构成了体育产业结构的自我调节机制，使得体育产业能够自发地适应外部环境的变化，实现结构的优化和升级。

3．转换性特征

体育产业结构具有转换性的特征，这体现在其作为一个系统，能够不断地进行内部结构的调整和资源的优化配置。转换性，实质上就是体育产业结构的动态调整和资源再配置的过程。

从资源转化的角度来看，体育产业结构可以被视为一个资源转化器。在既定的资源条件下，体育产业通过其产业结构的有效运转，不断从外部引进物质、能量和信息，进而进行体育产品的生产和创新。这一过程中，体育产业不仅满足了不同社会群体的多元化体育需求，同时也实现了资源的有效转化和利用。

体育产业结构的转换性具体表现为对内部资源的重新配置和各部门间资源比例的调整。当体育产业内的某些子产业发展不理想时，产业结构会自发地进行调整，将劳动力、资金等要素从这些子产业中转移出来，投入其他更具发展潜力的子产业中。这种调整不仅促进了体育产业结构的优化，也提高了整个产业的发展水平。

因此，体育产业结构的转换性是其适应外部环境变化、实现持续发展的重要机制。通过不断地进行内部结构的调整和资源的优化配置，体育产业能够保持其活力和竞争力，满足社会不断变化的体育需求。

4．层次性特征

一般来说，无论是何种系统，都能够分解成许多小的子系统，而且，任何系统也都能够与其他系统相组合而成为更大的系统。体育产业系统同样如此，大系统包含小系统，小系统可分解为更小的系统。

从宏观经济角度来看，体育产业属于第三产业的第三层次。同时，体育产业又包括八大子系统，即体育组织管理活动，体育中介活动，体育健身休闲活动，体育场馆管理活动，体育场馆建筑活动，其他体育活动，体育用品、服装、鞋帽及相关体育产品的销售，体育用品、服装、鞋帽及相关体育产品的制造。每个子系统又包含了更低级的系统，每个更低级的系统又包括许多级别更低的子系统，体育产业结构的层级体系由此而形成。

不同层级的结构在整个系统中拥有不同的地位和作用，但不同层级的结构并不是孤立的，彼此之间存在着非常密切的联系。在多种因素的共同作用下才形成了体育产业结构，而且很多因素都会对体育产业结构的形成造成制约。所以，在体育产业的不同发展阶段会出现不同层次的产业结构。通过分析体育产业结构的层次，可以对体育产业结构系统的特征进行不同角度的揭示，这对于我们对体育产业结构的发展现状和方向趋势进行深入的研究与理解具有非常重要的意义。体育产业结构的层次性能够将体育产业结构的优化状况反映出来，这主要是从对体育产业结构的属性和素质的分析来实现的。

（四）不同国家体育产业结构的差异

1．不同国家体育产业结构的差异概况

不同国家体育产业结构的差异主要体现在以下两个方面：

（1）经济发展阶段的差异：体育产业的发展与一个国家的经济阶段紧密相关。发达国家如法国、美国、德国、英国和意大利，以及一些新兴工业国家如韩国和新加坡，通常拥有较为完整和高水平的体育产业结构，体育产业在这些国家的GDP中占比为1%～3%。相比之下，非洲、亚洲和拉丁美洲的许多发展中国家，体育产业结构的完整性和成熟度较低，在最不发达国家，体育产业在 GDP 中的贡献几乎可以忽略不计。

（2）在同一经济发展水平下的差异：即便在经济发展水平相似的国家之间，体育产业结构也存在显著差异，并且各有其特色。例如，美国在体育产业的各个子领域都有较高的发展水平，健身娱乐和体育用品行业在全球处于领先地位。美国的体育竞赛表演业以冰球、橄榄球、篮球和棒球为主，这四项运动的产值占据了整个竞赛表演业产值的 70% 以上。日本以体育用品业为主导，瑞士则以体育旅游业著称。在韩国和法国，健身娱乐业在体育产业结构中占据主导地位，英国和意大利则以竞赛表演业为主，尤其是足球产业在这些国家具有鲜明的特色和重要的地位。

总的来说，体育产业结构的差异反映了各国经济发展水平、文化传统、社会需求和政策导向等多方面因素的综合影响。不同国家的体育产业各有侧重，形成了各自独特的产业结构和发展模式。

2. 导致体育产业结构出现国别性差异的主要因素

体育产业结构之所以存在国别性差异，主要影响因素有以下几个方面：

（1）经济与技术因素对体育产业结构的影响至关重要。一个国家的经济和技术发展水平直接决定了该国人民的生活水平，而生活水平的高低又进一步影响着对体育服务的需求。因此，体育产业的发展程度与国家的经济和技术实力紧密相连。

具体而言，当一个国家的经济繁荣、技术先进时，其人民的生活水平通常也较高，这自然会导致对体育服务需求的增长。这种需求的增长不仅推动了体育用品生产等行业的快速发展，还促进了体育产业结构的完善与升级。

此外，不同的体育需求在经济发展和技术进步的影响下会呈现出不同的增长态势。例如，当某种体育需求（如健身娱乐或竞赛表演）显著增长时，相关体育产业（如健身俱乐部或体育赛事组织）也会得到迅速发展，并有可能成为该国体育产业的主导力量。

（2）政府角色在体育产业发展中的影响不容忽视。在后发市场经济国家中，政府逐渐形成了对体育产业的参与模式，并在此过程中扮演了重要角色。这些政府通常会设定明确的体育产业发展目标，并采用各种手段来引导、调控和规范体育市场主体的构建和运营。

在原发市场经济国家和后发市场经济国家之间，体育产业的发展呈现出了显著的差异。这些差异主要体现在体育消费规模、体育企业运作的规范化程度以及体育市场体系的完善性等方面。

在后发市场经济国家中，政府并不追求体育产业的“大而全”发展，而是根据本国体育市场的实际状况和体育消费的现实情况，确立发展重点，并制订有计划和有步骤的发展方案。例如，法国和韩国特别重视健身娱乐业的发展，在政府的扶持和推动下，该行业得以迅速发展，成为国家的主导产业之一。日本则在体育用品业上表现出色，目前其体育用品市场规模已位列世界第二，仅次于美国。

（3）文化因素在体育产业发展中扮演着举足轻重的角色。随着世界各国的发展，各自独特的民族文化和民族体育逐渐形成，这些独特的元素对体育市场的形成和体育产业的发展产生了深远的影响。特别是竞技体育表演业，其受文化因素的影响更为显著。以美国为例，橄榄球、棒球、篮球和冰球这些运动项目深受群众喜爱，拥有庞大的粉丝基础，从而推动了相关体育产业的蓬勃发展。而在英国和意大利，足球文化深入人心，足球传统悠久，几乎每一个国民都是狂热的足球迷，这种深厚的足球文化使得这两个国家的竞技体育表演业中，足球占据了举足轻重的地位。同样，在中国，武术作为最具特色的传统体育运动项目，其深厚的文化底蕴和广泛的群众基础也带动了相关体育产业的发展。武术的流行不仅促进了武术用品的生产和销售，还推动了武术培训、武术赛事等相关产业的兴起。

（4）资源条件对体育产业发展具有显著影响。每个国家都拥有独特的自然资源，如地形、气候等，这些资源在产业规划中被视为重要的优势。体育产业的发展也不例外，各国在推动体育产业时，都会倾向于依托和利用本国的优势资源，从而发展出具有竞争力的优势产业和特色产业。以瑞士为例，其体育产业中体育旅游业占据主导地位，这主要得益于瑞士丰富的旅游资源。瑞士利用其得天独厚的自然条件，如壮丽的山川、清澈的河流和宜人的气候，发展了高山滑雪、徒步旅行等受欢迎的体育旅游项目。目前，体育旅游业已成为瑞士经济的重要支柱，从事该行业的人员数量众多，占据了相当大的就业比例。

由此可见，资源条件是体育产业发展不可或缺的重要因素。通过合理开发和利用本国的自然资源，各国可以培育出具有特色的体育产业，并促进体育产业的健康、可持续发展。

第二节　体育产业结构的变化规律及优化路径选择

一、体育产业结构的变化规律

（一）体育产业外部结构的变化规律

体育产业的发展与产业结构的变化紧密相连，反映了经济资源在各产业间的动态流动和重新配置。随着经济的增长和社会的进步，农业、工业、服务业三大产业的演变呈现出一定的规律性，体育产业作为满足人们体育消费需求的重要部门，其演变趋势也遵循着特定的路径。

体育产业主要提供的是服务产品，满足人们的精神消费和享受需求，属于第三产业的高层次服务领域。从国民经济各部门的演变趋势来看，体育产业在第三产业中的地位和作用将随着经济的持续发展和人民生活水平的提升而日益显著。

经济基础、人民收入水平以及社会需求结构是影响体育产业发展的重要因素。随着经济发展速度的加快、人民收入的提高，以及社会需求结构的不断演变，体育产业将迎来更大的发展机遇。这一演变趋势预示着，在我国经济社会持续转型和居民消费水平不断提高的背景下，体育产业将实现更加快速的发展，为人们提供更加丰富的精神消费选择。

总之，体育产业外部结构的演变趋势表现为其在国民经济和第三产业中的地位和作用不断提升，与经济发展、人民收入提升以及社会需求结构的演变密切相关。随着这些因素的持续变化，体育产业将展现出更加广阔的发展前景。

（二）体育产业内部结构的变化规律

体育产业结构的演变不仅包括外部结构的调整，更体现在其内部结构的变迁上，即体育产业内部不同分支行业的兴衰更迭。

体育产业作为一种社会文化活动，其起源可追溯到人们的日常生活中，最初以娱乐和游戏的形式出现，常与宗教或节日仪式相结合。而随着社会的进步和工业文明的兴起，竞技体育逐渐成为社会推崇的焦点，推动了现代体育的快速发展。在竞技体育的影响下，体育活动开始融入更多的商业元素，现代体育产业也随之崛起。

在早期，体育产业主要聚焦于体育用品的生产与销售，而体育服务产品的供应相对较少。随着经济的繁荣和人民生活水平的提高，体育服务产品逐渐崭露头角，满足了人们对更高品质生活的追求。体育服务产品不仅满足了消费者的基本需求，更提升了他们的精神享受和体验。

从这一变化过程中，我们可以总结出体育产业内部结构的变化特点：体育产业领域不断扩大，内部结构持续优化。随着市场需求的转变，体育用品业在体育产业中的地位逐渐降低，体育服务业的地位则相对提升。这种趋势表明，体育产业正向着更加注重服务质量和消费体验的方向发展。

简言之，体育产业内部结构的演变特征表现为领域拓展、结构优化和服务升级，反映了体育产业从物质产品向服务产品转变的发展趋势。

二、体育产业结构优化的路径选择

（一）体育产业结构优化的可选路径

1．市场行为

在市场经济环境中，体育产业的优化与发展需要遵循市场规律。市场的核心作用在于通过供求关系和价格机制来引导资源的有效配置，实现经济主体的自由竞争。在体育产业结构的优化过程中，市场行为扮演着至关重要的角色。

市场行为在优化体育产业结构方面具有显著优势：

（1）市场促进专业化生产：市场通过提供市价信息，鼓励企业进行专业化生产，以满足消费者的多样化需求。这种基于市场需求的专业化生产，相较于政府的行政分配，更能有效地反映和满足社会的实际需求。

（2）市场激励高效产出：市场通过价格机制来决定优胜者，这是一种对高效产出的直接激励。在体育产业中，具有竞争力的产品和服务能够通过市场获得更高的回报，从而鼓励企业不断提升自身的效率和创新能力。

（3）市场减少资源浪费：以市价为基础的竞争机制，能够确保资源得到最合理的利用，减少浪费。与租值耗散相比，市场价格机制更能有效地反映资源的稀缺性和价值，从而引导资源流向最具效率和效益的领域。

2．政府角色与调控

政府在体育产业结构优化过程中扮演着宏观调控者的角色，致力于确保社会经济的平稳运行。政府通过制定国家计划和运用经济杠杆、产业政策等手段来平衡体育产品和资源的供需关系，进而推动体育产业的健康发展。

在体育产业结构优化的过程中，政府以当前产业结构为基础，预测其变动趋势，并以经济发展的总体目标为导向，通过层级传递计划指令给经济主体，以调整部门间的供求关系。政府在确定体育产业发展方向、速度、规模和重点时，通常会从国家整体利益出发，为体育产业的总体发展描绘出宏观蓝图。

政府宏观调控的优势主要体现在以下几个方面：

（1）政府代表全体成员的利益。在促进体育产业发展时，政府会考虑整个社会的福祉，而不仅仅是某一部分人的利益。

（2）政府拥有强制力。这种强制力使得政府能够有效地干预市场，防止市场失灵，确保资源的合理配置。在市场机制无法完全发挥作用的情况下，政府的干预是不可或缺的。通过政府的调控，可以确保体育产业的健康发展，并为社会经济做出积极贡献。

（二）推动我国体育产业结构优化的策略

鉴于当前中国体育经济的发展态势，为了加速体育产业结构的优化升级，我们需要有效整合体育产业的核心资源，进一步释放产业带动效应和后发优势，实现跨越式发展。以下是具体的策略建议，旨在全面推动体育产业结构优化的实现。

1. 澄清体育事业与体育产业的界限

在中共中央制定的《国民经济和社会发展第十二个五年规划纲要（2011-2015）》（2011 年 3 月）中，强调了公益性文化事业与经营性文化产业并重的发展策略，并强调了社会效益与经济效益的和谐统一。这一战略同样适用于体育领域，即需要清晰地区分体育事业与体育产业。

当前，存在一种普遍的误解，即一些学者和体育部门的领导将体育事业与体育产业混为一谈。为了促进体育产业结构的优化升级，我们首先需要明确两者之间的概念与关系。体育事业和体育产业在生产目的、资金来源、服务对象、运营机制以及调控方法等方面存在显著差异。

我们不能因为过度强调体育事业的发展而忽视体育产业的市场化潜力，也不能因为追求体育产业的经济效益而牺牲体育事业的公益性和社会价值。事实上，体育产业的发展不仅能为国家带来荣誉和为人民提供服务，还能创造经济价值，促进消费，优化经济结构，并推动国民经济的整体发展。

因此，我们需要对体育事业和体育产业的关系及区别有一个清晰的认识，并充分意识到体育产业发展所带来的多方面效益。只有这样，我们才能制定出更加科学、合理的政策，推动体育事业的繁荣和体育产业的协调发展。

2．审慎选择并扶持体育主导产业

在制定体育产业政策时，政府应当发挥主导作用，结合市场运作和科学规划，审慎选择体育主导产业。这些主导产业通常包括健身娱乐业、竞赛表演业和体育培训业。政府应针对这些产业制定并实施相应的扶持政策，以促进其快速发展。

优化这些主导产业的内部结构，可以加强它们与其他体育产业之间的紧密联系，形成相互依托、相互促进的发展格局。发展这些主导产业，可以产生一系列积极的连锁效应：首先，通过扶持这些主导产业，能够显著带动与之相关的体育产业的发展，如体育用品制造业和销售业等，从而充分发挥主导产业的回归效应。其次，主导产业的发展还能推动体育场馆经营、体育组织、体育传媒、体育彩票和体育中介等相关产业的进步，进一步发挥前瞻效应。最后，主导产业的发展还能促进周边产业如餐饮、会展、旅游、通信和房地产等行业的发展，从而发挥旁侧效应。

体育竞赛表演、体育健身娱乐和体育技能培训作为主导产业，不仅具有较强的扩散效应，还有显著的结构转换效应。随着人们生活水平的提高和健康意识的增强，人们对体育的需求也日益多样化。通过参与体育技能培训，人们可以掌握更多运动技能，进而推动体育健身娱乐业的发展。同时，观看体育赛事也会激发人们对相关项目的兴趣，促进体育竞赛表演业的繁荣。这种相互促进的发展模式，能够形成强大的关联链式效应，拉动整个体育产业的快速发展。

此外，这些主导产业的发展还能刺激中间需求的扩张，如推动大型体育赛事的举办和城市体育设施的建设，这些都对城市整体功能的提升有积极的影响。同时，随着人们体育价值观念和意识的增强，体育经济的增长和体育产业结构的优化也将迎来更大的希望。

3．加速体育主导产业的蓬勃发展

（1）强化社会资本投入与先行投资。为了充分释放体育主导产业的扩散效应，我们需要预先在社会层面上进行大规模的投资与资本积累。这不仅涉及提升生产性投资率，还需要确保国民收入中积累的比例至少达到10%。投资是体育主导产业形成的基础，对于体育产业结构的优化具有重要的导向作用。因此，政府应加大对体育公共产品和服务的投入，通过提供多样化的体育产品与服务来激活市场需求，满足大众的多样化消费需求。

同时，政府应基于消费者的不同需求，对体育产品市场进行细分，并选择相应的目标市场。在此基础上，选择与目标顾客相匹配的体育项目，制定合适的价格策略，并根据目标顾客的体育需求特征进行有针对性的促销。这些措施将有助于优化体育产品结构，满足市场的多样化需求。

此外，国家应实施积极的扩张性政策，鼓励各类企业研发新产品，以刺激体育需求的增长。在体育基础设施方面，政府应进行科学论证，加大投资力度，并积极动员社会力量参与。通过市场机制推动闲置场馆的运营，最大化地提高公共支出的效益，为体育产业的蓬勃发展创造有利条件。

（2）培育与满足市场需求，推动体育主导产业发展。为了确保体育主导产业能够持续、健康地发展，我们必须紧密围绕市场需求展开工作。扩大体育消费，优化体育产业结构，是推动体育主导产业发展的关键所在。

首先，我们需要大力调整体育发展战略，平衡群众体育与竞技体育的发展。通过政策和资金的支持，推动群众体育的普及，培养健康的体育生活方式。其次，鼓励发展适合群众消费能力的准经营性体育项目，将公共体育设施以及学校、企事业单位的体育场地资源有偿地开放给社会，降低体育参与的门槛，促进体育市场的活跃。

在扩大市场需求方面，我们可以从以下几个方面着手：

①积极开发体育市场。基于对市场潜在消费需求的深入了解，我们要重点培育和引导体育健身娱乐市场的发展。通过多样化的市场活动，吸引更多的消费者参与体育消费，见表2-2。

表2-2 需要开发的体育市场

体育市场	目标对象	开发项目及产品
青春美容健身娱乐市场	男女青壮年	以健美、减肥、形体训练为主的参与型体育健身娱乐产品
银发健身市场	中老年	康复咨询、气功养身、运动处方等康复型、保健型的体育健身娱乐产品
多功能高档体育健身娱乐市场	高收入阶层	为健身、休闲、娱乐、公关及商务活动等提供服务，开发高尔夫、网球、保龄球俱乐部等项目及产品
娱乐性体育健身娱乐市场	现代都市居民	满足回归大自然、欢度闲暇的需求，开发休闲型、趣味性较强的自然体育项目
竞赛表演市场	竞技体育爱好者	发展球迷经济、赛事经济，扩大需求，如足球竞赛、篮球竞赛等
体育培训市场	青少年	游泳、羽毛球、跆拳道、轮滑等项目

②适应不同体育市场。体育市场是多元化的，我们需要根据消费者的不同需求，细分市场并选择适合的目标市场。在此基础上，选择合适的体育项目，制定合理的价格策略，并积极开展有效的促销活动，以满足消费者的个性化需求。

③转变居民消费观念。我们要通过宣传和教育，引导居民树立正确的体育消费观念，让他们认识到体育消费不仅仅是金钱的投入，更是一种健康投资和生活品质的提升。同时，我们还要激发居民的体育消费动机，让他们更加积极地参与体育消费活动。

通过以上措施的实施，我们可以有效地扩大体育消费需求，拉动体育主导产业的发展。同时，通过促进最终消费需求的增长，我们还可以进一步刺激中间需求的增加，推动体育产业链的健康发展。

（3）进行配套制度改革。要实现体育产业结构的优化升级，我国需要进行一系列的配套制度改革。这些改革的关键在于建立一个能够有效支持经济增长方式转变和产业结构优化的制度基础。以下是改革的几个关键方面：

①政府职能转变。政府需要从直接干预体育产业开发和市场经营活动的方式中转变出来，避免限制和垄断市场资源，更多地发挥市场在体育资源配置中的主导作用。

②宏观调控改进。政府应改进宏观调控手段，不再直接介入体育产业的具体运作，而是通过制定政策和法规来引导和鼓励体育产业的健康发展。

③战略规划与政策引导。政府需要制定体育产业的发展战略规划，出台能够引导和激励体育产业发展的政策，引入成本意识、激励机制和竞争机制。

④重点产业培育。政府应重点培育体育核心产业，如健身休闲服务业和竞赛表演业，通过主导产业的拉动和延伸效应，带动相关产业的发展。

⑤关联产业发展。政府要积极建立以市场为主导、以需求为导向、以效益为核心的体育产业分布结构，促进体育关联产业的发展，并建立市场支撑体系。

⑥市场体系建立。政府需要制定与市场经济要求相符的交易和管理规则，并推动体育产业体制改革试点，加快体育产业化发展进程。

⑦支持与保护。鉴于市场经济体制尚不完善和国际市场竞争的激烈，政府应从政策和资金上支持体育产业的发展，通过税收优惠等措施扶持重点领域。

⑧科技投入与创新。政府应增加科技投入，促进科技成果在体育产业中的应用，鼓励技术创新和自主品牌及核心技术的发展，增强体育产业的自主发展能力。

⑨规范引导。政府要规范和引导体育资产和产品的发展，科学合理地调整体育产业结构，以促进体育产业的整体优化和升级。

总体而言，体育产业结构的优化需要政府在政策、资金、科技等方面给予支持，同时避免过度行政干预，确保体育产业能够在市场经济体制下健康发展。

（4）制定创新策略。为了促进体育产业结构的优化升级，需要采取一系列创新策略，具体包括以下几个方面：

①科技创新与产业升级。通过引入新技术和增强自主创新能力来推动体育产业结构的调整。技术进步是推动体育产业发展的关键力量，利用新技术可以有效解决产业结构中的矛盾，促进产业向更高层次和更合理的方向发展。为此，需要增加科技研发投入，优化研发资金结构，提高资金使用效率，并明确扶持政策，实施品牌战略，鼓励大型体育企业在技术、产品和营销等方面进行全面创新。

②价值链延伸与服务创新。通过延长价值链并提供创新性服务来提升产品的附加值和盈利能力。这包括在产品设计、品牌建设、供应链管理和售后服务等环节进行创新。

③标准体系与品牌建设。建立和完善体育用品的标准体系，加强产品质量监管和认证，以提高中国体育产品在国际市场上的竞争力，并打造国际知名的体育用品品牌。

④人才培养与专业发展。体育产业的发展离不开高质量的人才支持。因此，需要重视体育产业人才的培养，科学培育与体育产业化发展需求相适应的高水平专业人才。

创新策略的制定和实施对于优化体育产业结构至关重要，它涉及技术创新、服务创新、标准制定、品牌建设和人才培养等多个方面，旨在通过这些措施提高体育产业的整体竞争力和可持续发展能力。

4. 区域体育产业结构的全面优化策略

针对区域体育经济的持续发展，非均衡协调发展理论为我们提供了一个全新的视角，强调在保障市场竞争的公平性、发展机会的均等性和发展成果的共享性基础上，推动区域体育经济的协调发展。基于此，以下是对我国区域体育产业结构进行全面优化的几点策略：

（1）市场与政府双轮驱动。在推动区域体育产业结构优化时，既要依靠市场的自然选择和调节作用，也要发挥政府在政策引导、宏观调控和资源配置上的作用。通过市场机制，激发体育产业内部各主体的活力和创新力；通过政府政策，为体育产业创造公平竞争的环境，并引导产业向更高层次、更宽领域发展。

（2）发挥区域间互补优势。我国地域辽阔，各地在自然条件、经济基础和体育发展上存在差异。因此，应充分利用这些差异，发挥各地区的比较优势，打造各具特色的体育产业。通过深入挖掘和利用各地区的优势资源，结合民族体育特点，发展优势体育项目，形成区域体育产业品牌。同时，加强区域间的合作与交流，促进资源共享和优势互补，推动体育产业的整体发展。

（3）重点发展核心产业与基地。在西部地区，可以重点发展体育旅游业，利用丰富的体育旅游资源，打造具有特色的体育旅游品牌。对于中西部地区，应加大体育产业基地建设的扶持力度，通过合理规划产业布局，促进体育产业快速发展。通过培育主导产业和特色产业，形成强大的市场竞争力，带动整个区域体育经济的繁荣。

（4）构建统一开放、竞争有序的市场体系。针对我国城乡、区域间经济发展不平衡的问题，应深化体制改革，打破地区壁垒，构建统一开放、竞争有序的市场体系。通过制定科学的区域发展政策，促进生产要素的自由流动和资源的合理配置。同时，加大市场监管和执法力度，维护市场秩序和公平竞争的环境，为体育产业的健康发展提供有力保障。

第三节　体育产业发展政策与制度体系的创新

一、体育产业发展政策与制度路径变迁

在推进体育产业的蓬勃发展中，持续优化和调整体育产业政策及制度体系是至关重要的，旨在通过针对性的策略引导，激发产业活力，促进其长期稳定增长。这一过程蕴含着对现有体育产业发展全貌的深刻洞察，并在此基础上，不断探索、设计并实施新的政策措施与制度框架，以期逐步替代或升级原有体系，此即所谓的政策与制度变迁，它是体育产业发展动态适应性的体现。

体育产业政策与制度的创新活动，根植于对未来行业趋势的前瞻预判与战略需求。体育产业作为多元化融合的领域，其发展受到技术进步、市场需求变化、国际环境变动等多重因素的影响。因此，创新政策与制度时，必须采取全面视角，精细考量体育产业各分支领域、不同组织结构内参与主体的差异化需求，确保政策的包容性与前瞻性。体育产业政策与制度的革新路径并非遵循一成不变的线性模式，而是呈现出一种多元交织、灵活应变的“路径束”特征（如图 2-1 所示），旨在通过多维度、多层面的策略组合，有效应对复杂多变的产业发展挑战，驱动体育产业向更高水平、更高质量迈进。

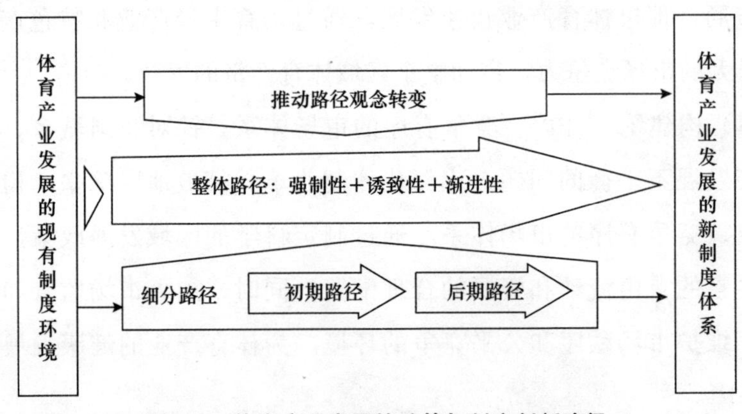

图 2-1　体育产业发展的政策与制度创新路径

体育产业政策与制度创新的宏观导向路径：这一路径聚焦于从全局视野出发，确立体育产业在政策与制度创新上的大方向与核心策略。它强调在明确目标的前提下，甄选合适的执行路径与方法论，这些策略既包括具有法律效力和约束力的强制性措施，也涵盖通过激励机制引导市场行为的诱致性手段，同时还需顾及政策与制度演进的渐进性和可持续性，确保改革步伐稳健且有效。

体育产业政策与制度创新的阶段性实施路径：该路径从时间序列的维度深入，细致规划体育产业在不同发展阶段所需的特定政策支持与制度调整。它要求对体育产业的现状与未来趋势有精准的把握，依据产业发展的时间脉络设计每一阶段政策与制度的具体内容，以确保政策的连贯性与前瞻性，为体育产业的持续成长提供及时且针对性的支撑。

体育产业政策与制度创新的动力激活路径：此路径侧重于从思想意识层面入手，探讨如何通过观念的更新与转变，为新政策与制度的引入与执行构建良好的社会认知基础与心理预期。它着重于推广普及新理念，通过教育培训、公众宣传等手段，增强社会各界对体育产业新政策与制度价值的认知与接受度，从而为新政策与制度的有效落地创造积极的舆论环境和社会氛围，加速其对体育产业正向变革的驱动效应。

二、体育产业政策与制度变迁

在体育产业持续发展的大背景下，政策与制度的创新显得尤为重要。这种创新，其实质就是一种全局性的转变，是从一套整体性的政策与制度向另一套更具时代性、更适应产业现状的政策和制度的跃迁。由于它关乎体育产业的全方位进步，因此这一变迁必然是整体性的，而非局部或片面的调整。

在这一复杂的整体性变迁中，我们可以清晰地识别出三种关键因素：强制性、诱致性和渐进性。它们虽然性质各异，但在推动体育产业政策与制度创新上却形成了有机的统一，共同促进了产业政策的落地生根和体育产业的健康发展。

（一）强制性因素：政策与制度的供给驱动力

政策与制度，作为国家管理社会、调控经济的重要手段，其执行具有不容置疑的强制性，这种强制性在体育产业政策与制度的创新过程中体现得尤为明显。

中央政府及相关部门在这一过程中扮演着至关重要的角色，他们是新政策与制度的主要制定者和推动者。当新的政策与制度出炉后，地方政府在发展本区域的体育产业时，必须严格遵照执行。这种自上而下的推行方式，确保了新政策与制度能够迅速且有效地在全国范围内实施，从而成为推动体育产业发展的核心力量。

不仅如此，政府还通过优化决策系统、改善政策与制度环境，为体育产业的创新发展提供了坚实的基础。在这一过程中，政府不仅提供了政策与制度的供给，更在行政、经济、文化等多个层面为体育产业的后续发展提供了全方位的支撑。

（二）诱致性因素：市场需求与利益驱动的反映

然而，政策与制度的变迁并非完全由政府单方面主导。在市场经济的大环境下，诱致性因素同样发挥着不可忽视的作用。这些诱致性因素，主要是指在原有的政策与制度安排下，市场主体因为无法获取预期的利益而产生的变革需求。

体育产业的发展是一个动态且复杂的过程。在这一过程中，市场主体和消费者会不断遇到新的问题和挑战。而由于体育产业政策和制度的预见性有限，这些问题往往无法被完全预料或准确应对。因此，当市场主体和消费者的需求与利益无法得到满足时，他们就会成为推动政策与制度创新的重要力量。

值得注意的是，这些市场参与者往往最先预感到现有政策与制度的局限性，并积极主动地参与到政策与制度的创新过程中。他们希望通过新的政策与制度的实施来实现自身的利益最大化。而当市场环境或条件发生变化，使得他们的需求与利益再次无法得到满足时，他们又会成为新一轮政策与制度创新的重要推动者。

综合来看，体育产业新政策与制度中的强制性因素与诱致性因素之间存在着一种协调互补的关系。政府在提供政策与制度供给的同时，也需要充分考虑到市场主体的需求和利益，而市场主体在追求自身利益的过程中，也在无形中推动着政策与制度的不断完善和创新。

（三）渐进性变迁：体育产业健康发展的整体保障

产业的发展总是与其所处的社会政治、经济、文化等环境紧密相连。体育产业作为社会产业的一部分，其发展同样受到这些环境因素的深刻影响。然而，这些环境的变化并非一蹴而就，而是一个缓慢而持续的过程。因此，体育产业政策与制度的变迁也必然呈现出一种渐进性的特征。

渐进式变迁的优势在于其平稳性和有序性。在这种变迁过程中，新旧政策与制度能够实现平稳过渡和有序衔接，从而确保体育产业能够在稳定的环境中持续健康发展。我国经济体制改革以及政策与制度的调整都遵循了渐进性的原则，这也是保证社会各方面平稳发展的重要基础。

对于尚不成熟的体育产业而言，渐进性的政策与制度创新方式显得尤为重要。它不仅能够保证体育产业的有序、平稳发展，避免大的产业变革和环境震荡带来的不确定性和风险，还能为体育产业参与者提供一个逐步适应新环境、新政策的过程。在当前体育产业发展的探索性阶段，尤其是与国外体育强国存在较大差距的情况下，我们既要积极进行新的政策与制度创新，也要充分考虑当前复杂的体育发展大环境，不能急于求成。人们对于体育产业发展的观念转变、体育市场主体对新环境的适应以及新政策与制度的有效性体现等都需要经历一个逐步显现的过程。渐进性变迁则为这一过程提供了有力的保障。

三、细分路径：政策与制度的初期路径与后期路径的有序衔接

在体育产业政策与制度创新的实践探索中，细分路径的构建是确保政策与制度变迁和产业发展需求紧密耦合的关键环节。这一过程不仅需要细致划分政策与制度创新的初期与后期阶段，更要注重两阶段间的有机衔接与协同推进，以实现体育产业在变革过程中的平稳过渡与持续繁荣。

（一）初期路径：奠基与引导

初期路径标志着体育产业政策与制度创新的启航阶段，此时期的战略布局直接影响后续改革的深度与广度。在这一阶段，政策设计者需综合考量多种因素，包括但不限于产业发展的现实瓶颈、未来趋势、政策成本与收益比等，力求在复杂环境中精准定位改革的着力点。鉴于我国体育产业的特殊背景和政府的主导作用，初期路径往往由国家及中央政府自上而下驱动，依托行政力量快速铺开，通过“强制性”政策确保改革举措得以迅速启动和执行。此时，如何巧妙融合“诱致性”机制，激发市场参与者和产业主体的积极性，成为政策设计的核心挑战。这意味着，初期路径不仅要强化政策的权威性与执行力，还应通过激励措施、信息透明化等手段，促使各方主动接纳并参与到新政策的实施中来，形成上下联动、内外互动的良好态势。

（二）后期路径：深化与优化

随着体育产业新政策与制度框架的基本确立，后期路径的重心转向了细化、优化与深化。这一阶段，随着各项政策与制度功能的逐步显现和效果评估的开展，政策制定者能够更为精准地识别出哪些政策已初见成效，哪些尚需调整或补充。此时，“诱致性”因素的影响力显著增强，市场反馈与主体行为的变化成为政策调整的重要依据。后期路径的设计应更加注重灵活性与适应性，鼓励创新思维，利用市场机

制进一步释放产业活力，同时强化监管与服务体系，确保政策环境的稳定性和可预测性，为体育产业的长远发展奠定坚实基础。

（三）两者间的动态平衡

值得注意的是，前期路径与后期路径并非机械分割，它们之间存在着复杂的交互作用。在实际操作中，政策与制度的迭代与优化是一个连续的动态过程，两者在时间上虽有先后，但逻辑上却相互渗透、互为条件。此外，后期路径的开启并非自动发生，它依赖于对政策执行效果的持续监测、评估与反馈，以及基于这些反馈的主动调整与创新。因此，无论是初期的破冰之旅还是后期的精耕细作，都需要政策制定者、执行者与产业主体间保持高度的沟通与协作，共同推动体育产业政策与制度创新的不断前行。

四、推动新路径：观念转变与政策制度落实的双向驱动

在体育产业的进步之旅中，政策与制度的创新显得尤为关键。这是一个涵盖多元要素、涉及多方参与者的复杂流程。新政策与制度的构思和成形，实际上是各级政府、相关部门以及不同微观主体共同智慧的结晶。因此，为了更有效地协调各方力量，一个核心环节就是转变各方对体育产业发展可能存在的误解或片面认识，这一点至关重要。

从更深层次的意识形态角度审视，观念的转变能够带来两大显著效益：一是降低政策与制度创新的成本，二是提升创新的效率。更为值得一提的是，这种观念的转变还会悄然形成一种强大的、潜在的推动力，促使新政策与制度更为顺畅地落地实施。

（一）观念转变激发参与主体的能动性

在体育市场的广阔天地中，政府、市场主体都是不可或缺的参与者，他们的每一个行动都对体育经济的发展产生深远影响。因此，在

体育产业发展新政策与制度的创新征途上，我们不仅需要引导政府转变观念，还要努力改变市场参与主体的思维方式。

对于政府而言，中央层面对体育产业发展观念的更新，将深刻影响各级政府和相关部门对该领域的判断和管理方式。这种自上而下的观念变革，将如同多米诺骨牌一般，引发一连串的积极反应，最终推动政策与制度的全面创新。

站在体育企业的角度，他们是体育产业发展所有政策与制度创新最直接的受益者和实践者。新政策与制度的推出，需要得到这些市场主体的衷心拥护。倘若新的体育产业发展政策与制度无法为他们参与市场提供实实在在的“便利”，那么在执行过程中就可能会遭遇“冷遇”。这样一来，政策和制度的推进将变得步履维艰，整个体育产业创新路径的进程也会因此变得缓慢而低效。体育企业在产业发展中扮演着极易激发创新活力的角色，作为体育产业组织的核心组成部分，他们对所有新的产业政策与制度创新拥有最具分量的发言权。所以，新的体育产业发展政策与制度体系的构建，必须充分聆听他们的声音，满足他们的实际需求。同时，为了确保政策与制度创新能够持续有效地推进，我们还需要依赖体育企业的支持与推动，使这些新政策与制度真正落到实处。因此，积极推动这些市场参与主体观念的转变，对于实现新的体育产业政策与制度具有不可替代的重要意义。

再来看体育消费者，他们是体育产业政策的最终服务对象。体育产业政策与制度的每一次创新，都是为了更好地满足广大体育消费者的实际需求。从这个意义上说，消费者才是从根本上推动体育产业政策与制度创新的力量源泉。近年来体育消费者的观念逐渐转变——更加重视并更加积极地参与体育消费，这不仅体现了体育产业发展的客观规律，也为体育产业政策与制度的创新提供了坚实的观念支撑。

（二）观念转变助力创新成本的降低

我们不能忽视观念转变对政策与制度创新成本产生的深远影响。

每当新的产业政策与制度呼之欲出时，我们必须全面考量这些政策和制度落地执行所需付出的代价，深入分析其成本与未来产业发展可能带来的收益之间的权衡关系，从而科学判断创新的必要性和正确性。

在体育产业政策与制度的创新过程中，降低成本、扩大收益始终是我们追求的核心目标。然而，在实际操作中，成本节约往往知易行难。这背后的原因不难理解：让已经获得利益的主体对现有利益进行重新分配，自然会遇到诸多阻力和挑战。在这个时候，观念转变的重要性就凸显出来了。通过有效的观念引导，我们能够更加顺畅地推动利益的重新分配过程，从而为新政策与制度体系的建立扫清障碍，实现成本的最大限度节约。

五、体育产业发展的政策与制度创新的策略

在推动体育产业发展的政策与制度创新策略中，有两个核心要点：一是构建高效的制度供给协同机制，二是借助公众观念认同的力量加速体育产业升级。

（一）整合制度供给主体，促进协同联动

体育产业的政策与制度创新首先面临的是制度供给主体的多元化问题。在中国，这一过程涉及中央政府、地方政府及众多相关部门的共同参与，形成一个多层次、多维度的供给网络。为提高效率与响应速度，构建一个协同联动的新制度供给机制显得尤为重要。这要求在中央政府的统一领导下，各部门间建立顺畅的信息交流与合作平台，确保政策意图自上而下准确传导，同时鼓励地方政府根据本地实际情况灵活调整，形成上下呼应、左右协同的制度供给格局。国务院作为顶层制度设计的核心，其政策导向为体育产业发展的基石，地方政府和相关机构则需在此基础上，结合地方特色与市场需求，创造性地制定并执行具体政策，实现政策的精准落地与高效执行。

（二）强化公众观念认同，营造积极的社会氛围

体育产业的持续健康发展离不开公众的广泛参与和支持。随着社会经济的进步，人们对体育价值的认识日益加深，体育已成为日常生活不可或缺的一部分。在此背景下，公众对体育产业发展的观念认同，尤其是对体育文化的内在价值和体育消费的积极态度，成为推动政策与制度创新的强大动力。这种观念认同不仅增强了民众参与体育活动的积极性，还促进了体育消费市场的繁荣，为体育产业的拓展开辟了广阔空间。

因此，策略上应当重视并加强对公众观念的正面引导，通过教育宣传、媒体传播等多种渠道，提升全社会对体育产业在促进经济增长、提升生活品质等方面作用的认识，构建一个支持体育、热爱体育的社会意识形态。同时，应关注公众反馈，让民众的期望与需求成为政策制定的参考，形成政策与公众观念间的良性互动，为体育产业的政策与制度创新营造一个开放、包容、积极的外部环境。

第四节　体育产业政策对体育产业发展的影响

一、体育产业产生时期制度因素的积极影响

在体育产业的诞生初期，制度因素无疑起到了决定性的作用。这是因为在传统的体育事业发展模式下，构建一套完整、高效的体育产业链面临着巨大的挑战。为了推动体育产业的蓬勃发展，必须打破原有计划经济体制的桎梏，同时在意识形态领域建立起全新的产业观念。在这一历史性的转变过程中，制度因素所扮演的角色举足轻重，它不仅对体育产业直接相关的规则体系产生深远影响，还间接影响了其他相关制度的形成与发展。具体来说，其积极影响主要体现在以下三个方面。

（一）初步塑造了人们对体育产业的认知

在传统观念中，体育往往被视为一种事业而非产业。在体育产业刚刚起步的时期，"全面发展体育事业"成为时代的口号，人们对体育产业的理解也大多停留在对传统体育事业的改革与创新上。然而，随着1984年中共中央发布的《关于进一步发展体育运动的通知》和1986年国家体委发布的《关于体育体制改革的决定（草案）》等一系列政策文件的相继出台，体育产业的概念逐渐在人们的思想观念中生根发芽。这些制度安排使人们意识到，体育产业不仅始终存在，而且对所有的体育实体都具有统领和引领的作用。这一认识揭示了体育所具有的全新产业特性，为体育产业的后续发展奠定了坚实的思想基础。

（二）推动了体育与经济的初步结合

随着体育产业的兴起，相应的组织结构和政策措施也逐步得到完善。这一时期，体育产业发展的一个显著特征是多样化经营形式的体育场馆如雨后春笋般涌现，这充分展示了体育所蕴含的巨大经济潜力。从1978年至1992年，我国体育产业所创造的收入累计达到了惊人的16亿元人民币，并且以每年近500万元的速度持续增长。尽管这一时期的体育产业尚处于萌芽阶段，但各项体育创收活动的蓬勃开展已经为体育经费的筹集开辟了新的渠道，实现了体育与经济的初步结合。这种结合不仅为体育产业的持续发展注入了强大的动力，也为后来体育产业的全面市场化奠定了坚实的基础。

（三）为体育产业的深入发展打下了坚实基础

明确市场主体和经营对象是构建体育产业的两大基石。在这一关键时期，通过颁布并实施一系列体育产业相关制度，国家开始允许符合条件的体育事业单位尝试多种经营方式，并鼓励其管理方式向经营型转变。这种转变不仅反映了部分体育资源可以进行市场化经营的可能性，更重要的是确立了这些资源的市场主体地位和潜在的经济价值。由此可见，体育产业的建立和发展必须建立在明确的市场主体和经营对象的基础之上。这一时期相关制度的颁布和实施无疑为未来体育产业的腾飞奠定了坚实的基础，标志着体育资源市场化经营的开始，也为打破计划经济体制的束缚迈出了重要的一步。这些制度因素的积极作用不仅体现在对体育产业的直接推动上，更在于为体育产业的长远发展注入了强大的活力和潜力。

二、产业政策在体育产业初步发展时期的积极影响

体育产业在1992年迎来了其初步发展的关键时期，这一阶段，体育政策与制度扮演了至关重要的角色，不仅促进了体育产业从孕育到初步成型的顺利过渡，还在解决体育产业发展初期面临的诸多实践问题上发挥了不可小觑的作用。

（一）过渡性推动作用的彰显

1992年被视为体育产业的一个转折点，其间出台的一系列政策文件，诸如中共中央、国务院发布的《关于加快发展第三产业的决定》、红山口会议决议以及国家体委发布的《关于深化体育改革的决定》，共同构成了推动体育产业转型和发展的强大引擎。这些政策不仅明确了体育产业作为第三产业的重要组成部分，而且开启了足球职业化的大门，标志着竞赛表演业的初步兴起，并且为体育市场化和产业化指明了道路。在此之前，体育产业的发展方向和实施路径并不明晰，正是这些针对性政策的实施填补了空白，完善了体育产业政策框架，为体育产业的发展奠定了坚实的制度基础。可以说，没有这些关键政策的出台和执行，体育产业很可能仍徘徊于起步阶段，难以取得实质性的进展。

（二）针对性举措的显著成效

在体育产业的萌芽期，体系建构尚不成熟，发展方向尚不明朗，

亟需清晰的指引和规范。这一时期推出的多项政策“纲要”，聚焦于体育市场管理、体育彩票运作、体育俱乐部建设等核心领域，展现了极强的针对性和操作性。这些政策不仅为体育产业的未来发展描绘了蓝图，更为不同板块和层级的体育活动提供了具体的规范和指导，有效地规范了市场行为，促进了体育产业内部结构的优化。尤其值得注意的是，这些针对性政策的推出，标志着从依赖国家宏观调控向具体领域精细化管理的转变，极大地丰富和完善了体育产业的政策体系，为体育产业的快速成长提供了必要的制度保障。

三、体育产业全面发展时期产业政策的积极影响

2001 年，我国成功申办了 2008 年奥运会，这一举国欢庆的重大事件极大地推动了体育产业的发展，使其进入了一个崭新的阶段。在这一进程中，体育产业受制度影响的方式也发生了一定的变化。截至 2023 年年底，体育产业的发展受到了制度加速、地方性政策支撑和规范等多方面因素的深远影响。

（一）产业政策对体育产业整体的加速发展作用显现

体育产业经过初期的发展之后，其各个组成部分的发展方向已经基本明确，并且已经取得了一定的成就。体育市场初步形成，对社会各界人士的体育消费引导也呈现出良好的态势。在这样的背景下，制度对体育产业发展的重点就转移到了加快发展速度上。2010 年国务院办公厅发布的《关于加快发展体育产业的指导意见》中明确指出：加快发展体育产业，对于拓展体育发展空间，丰富群众体育生活，培养优秀的体育人才，提高全民身体素质、生活质量和竞技体育水平，以及推动我国从体育大国向体育强国的转变，促进经济社会的协调发展，都具有非常重要的意义。该指导意见的发布，不仅巩固了体育产业前期发展所取得的成果，还全面提升了体育产业的发展速度。值得

一提的是，这是国务院办公厅首次从体育产业发展的角度出发，制定的具有直接针对性的管理意见。

2014年国务院进一步制定并颁布了《关于加快发展体育产业促进体育消费的若干意见》，其中提出：到2025年，我们要基本建立起布局合理、功能完善、门类齐全的体育产业体系。体育产品和服务将更加丰富多样，市场机制将不断完善，消费需求也将更加旺盛。同时，体育产业对其他产业的带动作用将明显提升，体育产业总规模有望超过5万亿元，成为推动经济社会持续发展的重要力量。由此可见，从国家制度层面来看，我国体育产业的发展已经步入了加速阶段，不仅发展目标更加明确，还拥有了更为广阔的发展空间和前景。

（二）产业政策对体育市场主体的激励与约束作用日益明显

从制度经济学的角度来看，制度具有激励与约束的双重作用。随着体育产业的全面发展，体育制度对体育产业发展的激励和约束作用越发凸显。这一点在2006年、2011年和2016年国家体育总局相继发布的《体育事业“十一五”规划》和《体育事业“十二五”规划》《体育发展“十三五”规划》中得到了充分体现。此外，2021年发布的《“十四五”体育发展规划》也提到体育产业在国民经济中的地位和作用显著提升，2015—2019年全国体育产业总规模从1.71万亿元跃升至2.95万亿元，年均增长率达14.6%；2019年年底，全国体育产业法人单位达28.9万个，体育产业从业人员505.1万人；产业结构不断优化，体育与相关产业融合愈加紧密。2021年国务院发布的《全民健身计划（2021—2025年）》与《“十四五”体育发展规划》指出，到2025年，体育产业总规模达到5万亿元，增加值占国内生产总值比重达到2%，居民体育消费总规模超过2.8万亿元，从业人员超过800万人。

这些规划针对体育产业的发展进行了全面设计，根据不同发展阶段制定了相应的发展重点。它们的共同点在于，都充分体现了国家从宏观角度对体育产业发展所设定的激励机制和约束条件。具体而言，政府通过制定扶持政策来激励体育产业的发展，鼓励多种经济主体共同参与其中；同时，也要求体育产业实现规范管理，以确保其健康、可持续发展。

此外，近年来政府还举办了一系列重要活动，如全国体育产业发展大会等，以进一步推动体育产业的发展。这些活动不仅为体育产业相关企业和机构提供了交流合作的平台，还体现了政府对体育产业发展的高度重视和大力支持。

第三章 高校体育产业概述

高校体育作为体育教育的重要组成部分，其产业化发展逐渐受到社会各界的重视和关注，各行各业在体育的产业化发展过程中做了许多理论与实践探究，在诸多领域取得成效，为高校体育产业化发展打下了基础，也为高校体育教育增添了新活力。随着我国体育产业的发展，高校体育也要走向市场化和产业化，当下我国高校体育学术探究的热点问题之一就是实现高校体育产业化发展。高校体育产业化是新时期我国体育教育改革的必然趋势，也是顺应体育事业发展的必然结果。在高校体育适应社会发展需求的同时，要探索更广阔的发展空间，就必须结合实际状况，面向市场和社会，实现产业化、市场化经营，保障高校体育产业化快速可持续发展。

第一节 高校体育产业的现状及面临的问题

高校体育产业也是源于社会中的市场经济，在市场经济的统一作用下进行开展和实施的，高校体育产业也成为市场经济作用下的必然产物，但目前我国高校体育产业的发展形态还是比较初级和处于落后水平，尤其是在高校体育资源的开发利用上还存在着差距，还需要不断地建立健全高校体育产业的模式，从而推进发展，使得高校体育产业在推动市场经济发展方面起到助推器的作用。

高校体育产业的发展受到了我国国民经济的制约和限定，很大程度上，高校体育资源不能被科学地应用和合理地开发，导致了高校体育资源无法满足当前社会体育产业市场的需求，尤其是在体育产品、体育服务以及体育赛事方面，都存在着较为明显的不足和差距，无法在社会和高校体育产业之间进行灵活的切换。

体育消费市场中也出现了发展的局限性，尤其是针对体育运动的器材以及服装消费较为集中，并没有大面积地开拓出消费市场，现如今随着社会经济的快速发展，人们逐步提高了对自身健康的关注度，在参加体育运动的过程中也刺激了体育方面的消费，使体育产业中的消费持续发展，体育产业在社会经济中的所占比例和地位不断地增强，也促使体育消费市场全面协调发展，进而直接转化为高校体育产业的发展。

一、高校体育产业的现状

体育产业是我国国民经济的重要组成部分，在当今的经济大背景下，我国的体育产业也正在由“以体为本，各种经营”的创收模式向“本体推进，全面发展”的产业化方向发展。而高校体育产业作为当代体育产业的一部分，其发展不仅受到当代体育产业的制约，更受到我国经济总体发展水平的制约。因此，分析高校体育产业的现状对于全面认识我国经济发展水平，为其提供合理化建议和举措具有至关重要的作用。

经济的发展必然带动体育产业的发展，体育产业是为满足人们对体育消费的需求而使体育产品或体育劳务进入市场运作的产业门类。高校体育产业作为我国体育产业的一部分，其现状不仅与当代体育产业的发展息息相关，更与高校教育事业的发展有着密切的关系。目前，我国的高校教育事业得到了大力发展，高校加大扩招力度，开展了更多、更实用的高校体育教育课程。尤其是随着高校教育改革的不断推行，素质教育成为高校教育的核心内容，所培养的已不仅仅是理论型人才，而是理论与实践相结合，具有专业能力和综合能力的高素质人才，这为以后高校体育产业的发展提供了优秀的人力资本。

随着体育产业市场化程度的不断加深，高校体育市场作为体育市场的一部分，与社会的体育市场相比，拥有更多的优势。首先，在体育设施上，我国高校拥有丰富的体育场馆和各种体育器材设备，不仅可以满足教学的需要和学生的日常训练，还可以对外开放，满足社会各界人士的体育消费需求，如体育俱乐部、健身运动、举行体育赛事等。

其次，高校拥有优秀的体育人才，他们经过学校系统、专业的训练，拥有专业的体育技能，是未来体育竞技市场中重要的人才储备。

再次，高校拥有大量优秀的体育劳务资源，高校的体育教师不仅拥有系统、专业的体育理论知识，而且有丰富的运动实践经验，能为体育培训、技术训练指导行业提供优质的服务。

最后，高校还拥有强大的体育科研力量。我国竞技体育的发展、体育市场的开拓以及体育产品的研发离不开体育科学技术的发展，而我国高校专业的学术水平、先进的科研设备为体育科技的发展奠定了坚实的基础。高校的体育科研成果不仅可以直接推向体育科技信息市场与体育传媒市场，还可以直接为体育运动训练提供科学的理论指导。

由此可见，在高校体育产业的发展过程中，高校体育市场拥有众多的优势，利用这些优势根据社会、高校对体育消费的多层次需求管理、经营高校体育，对于促进高校体育产业的快速发展有着重要的作用。

然而，由于长期以来受计划经济的影响，我国高校虽然拥有独一无二的资源优势，却无法真正发挥其优势，甚至随着体育产业的发展，我国高校在经费预算和场馆维护、保养上出现了资金短缺的局面。相关调查显示，我国近千所高校中拥有体育场馆的占 60%，广东、上海、江苏等地则高达 90% 以上，甚至部分高校出现一校多馆的情况，然而，这些丰富的体育资源却大部分闲置，没有充分发挥其作用，这是目前我国高校体育产业发展过程中普遍存在的问题。

二、高校体育产业面临的问题

我国高校体育产业的发展建立在市场经济发展的基础之上，受经济发展规律和体育发展规律的双重支配，且起步较晚，各方面还不够完善。高校体育一旦进入市场化运作，就不可避免地受到社会各方面因素的影响，因此高校体育产业在发展过程中面临诸多问题。

（一）高校体育产业发展理念缺失

我国高校体育产业发展中所面临的首要问题是高校体育产业发展理念的缺失。受传统思想的束缚，还没有形成清晰、系统的发展理念，市场观念落后，与社会的合作交流较少，这严重影响了高校体育产业的市场化进程，进而阻碍了高校体育产业的发展。

进入 21 世纪以来，科学、教育、经济、思想观念等不断地完善和改革，传统的教育和经济观念已跟不上时代的步伐，无法满足现代化教育和经济发展的需要。高校管理者还未意识到体育产业发展对于高校教育的重要意义，还未形成科学、先进的高校体育产业发展理念，以至于我国高校体育教育与体育产业的发展尚处于分离状态，无法很好地融合。此外，我国高校体育产业化的思想还未形成，指导思想也不够全面，不能很好地融入市场，与社会之间的交流合作严重缺乏。

通过分析我国高校体育产业化的发展不难发现，我国高校受传统思想的束缚极为严重，缺乏开放的意识，高校领导者和管理者只重视自身的体育教育事业，将教学活动和校内的体育活动作为重点，未能很好地意识到高校体育与社会经济之间的联系。因此，高校体育与社会经济无法形成良好的互动，其相互促进、相互推动的良性关系被抑制，使得社会经济发展所带来的有利条件无法应用到高校体育教育中，而高校体育产业也未能为社会经济的发展做出其应有的贡献。

同时，由于我国高校管理机制不够灵活，缺乏健全的管理机制，落后、传统的经营管理理念既无法适应现代化的市场需求，又缺乏先进的体育产业指导思想，以致在高校管理者间无法形成系统、专业的高校体育产业市场化发展理念。如在面对扩招和学生规模不断扩大的情况下，高校仍按照传统的理念依靠国家财政的拨款和学校的资金投入维护学校的日常运转，而不是通过自身的优势发展高校体育产业以弥补资金的不足和带动国民经济的发展。

由此可见，在高校体育产业发展过程中，高校领导者和管理者缺乏资源整合的意识，还未形成高校体育资源社会化、市场化的观念，缺乏先进的高校体育产业发展理念，尤其在高校体育资源的利用上，缺乏创新意识。

（二）高校体育产业组织紊乱，发展模式单一

随着我国经济的快速发展，高校体育产业的发展也得到了很大的提升。然而，就全国高校体育产业的整体发展水平来看，还存在严重的不足，其中发展模式单一、组织紊乱是目前我国高校体育产业发展中遇到的又一难题。

由于受传统观念的束缚，缺乏先进的发展理念和科学、系统的管理制度，大部分高校在发展其体育产业过程中因循守旧，未能与时俱进且及时地改进管理模式，尤其对高校体育产业的发展未能足够重视，以致高校体育产业出现发展模式单一、结构紊乱的问题。目前，我国大部分高校的体育教育仍然隶属于体育部，同时又是高校教育不可分割的一部分，这导致体育产业工作的开展处于学校领导和体育部门的双重领导下，既要听命于学校领导又要配合体育部门，使得体育产业的发展过于烦琐，无论是从工作开展，还是组织管理的角度，都会导致一定的混乱。此外，倘若体育产业工作在开展过程中遇到问题，由于缺乏统一的管理，各部门之间难以有效地沟通和协调，且相互之间责任不明确，使得问题难以解决。

另外，我国高校的体育产业还存在发展模式单一、产业结构不合理的问题。受计划经济的影响，我国的高校体育产业缺乏整体的市场操作运行环境，结构配置不合理，在一定程度上没有完全摆脱计划经济的束缚，尚不能形成良好的市场化经营。而且，与国外高校体育产业相比，我国的高校体育产业才刚刚起步，发展相对落后，无论是在体育产品的质量上还是结构上都无法与外国体育产品抗衡，这在一定

程度上也与我国高校体育产业发展模式的单一不无关系。

（三）高校体育资源闲置，未发挥其优势

高校体育产业在资源上具有得天独厚的优势，这些资源包括完善的体育设施、体育人才丰富的训练与培养经验，以及浓厚的体育科研氛围。这些资源本应为体育产业的拓展和体育产品的研发提供强大的技术支持，成为推动高校体育产业发展的强大动力，然而，现实中我们却发现，这些宝贵的物质和人力资源并未得到合理的开发和利用，大部分资源处于闲置状态，没有在高校体育产业的发展过程中发挥其应有的优势。

国家一直对教育领域进行大力投入，特别是随着科教兴国战略的深入实施以及我国成功举办奥运会后，国家对高等教育，尤其是高校体育教育的重视程度不断提升，大量的资金被投入高校体育设施的建设和体育人才的培养中。然而，由于高校体育产业发展理念的缺失以及管理机制的不完善，这些丰富的高校体育资源并未得到充分有效的利用，反而出现了严重的资源浪费现象。例如，许多高校的体育设施，如现代化的健身房、网球馆、游泳馆、田径场等，大部分时间仅对校内师生开放。在学生没有体育课程或寒暑假期间，这些设施往往处于闲置状态，无人问津。甚至有些设施仅仅为了应付上级的检查和评估而短暂开放，其余时间则大门紧闭。这种资源的闲置和浪费，不仅辜负了国家的大力投入，也严重阻碍了高校体育产业的发展。

这种资源浪费的现象，实质上反映了高校体育产业发展中存在的深层次问题。一方面，高校体育产业的管理理念和市场意识有待提高，需要更加注重资源的合理利用和市场化运营；另一方面，高校体育产业的人才队伍建设也亟待加强，需要引进和培养一批既懂体育又懂市场的高素质人才来推动高校体育产业的快速发展。

（四）缺乏高素质、综合型的体育产业人才

作为市场经济的重要组成部分，高校体育产业的发展必然面临市

场竞争的洗礼。在激烈的市场竞争中，人才的重要性越发凸显。可以说，市场竞争归根结底是人才的竞争。然而，当前我国高校体育产业的发展却面临着高素质、综合型体育产业人才严重匮乏的问题。这一问题的存在，使得我国高校体育产业在参与市场竞争时处于明显的劣势地位。

从我国高校体育经营管理的现状来看，高校对体育经营管理人才的培养并未给予足够的重视。许多高校没有采取有效措施来培养和提升管理人员的专业素质，导致体育产业经营管理人员的综合素质偏低，且数量严重不足，甚至有些高校出现了让体育教师暂代体育产业管理和操作的现象。这些暂代管理人员往往缺乏体育、经济等专业知识，对市场化运作也不熟悉。因此，他们很难制定出符合当前经济发展趋势的经营模式，难以将高校体育产业与社会经济较好地融合在一起。这种情况下，高校体育产业在进入市场后自然缺乏足够的竞争力，很容易被其他社会经济体排挤，难以取得预期的经济效益和社会效益。

为了改变这一现状，高校必须高度重视体育产业人才的培养和引进工作。一方面，高校可以通过与相关企业合作、设立实习基地等方式，为在校学生提供更多的实践机会，培养他们的实践能力和市场意识；另一方面，高校也可以积极引进具有丰富实践经验和专业知识的体育产业人才，为高校体育产业的发展注入新的活力。只有这样，才能有效解决高校体育产业人才匮乏的问题，推动高校体育产业的快速发展。

第二节　高校体育产业的发展趋势分析与展望

随着我国经济和体育事业的飞速发展，体育产业在国民经济中所占的比重越来越大，也越来越受到人们的关注，其所关联的体育产业延伸到社会生活的方方面面，在此背景下的高校体育产业也得到了良好的发展。尤其在经济与信息全球化、文化多元化的21世纪，高校体育产业的发展不容小觑，其所呈现出的发展趋势值得我们关注，其发展前景更需要我们去展望，这对高校体育产业健康、稳步发展具有重要的意义。

一、经济全球化趋势增强

21世纪不仅是信息化的时代，更是经济全球化的时代，社会生产力的高度发展、社会分工的不断完善以及科技、经济、国际贸易的自由化等为经济全球化时代的到来提供了良好的契机。具体来说，经济全球化是指世界经济活动跨越国界，通过对外贸易、资本流动、技术转移等相互依存、相互联系而形成的全球范围内的有机经济整体，它是商品、技术、信息、货币等生产要素跨越国界和地区的流动。

经济全球化是21世纪经济的重要特征，也是世界经济发展的趋势，为我国经济的发展带来了机遇和挑战，对我国经济具有重要的影响。首先，经济全球化有利于我国引进世界先进的管理理念和科学技术，加快我国工业化进程，优化产业结构，促进与世界的经济交流。其次，经济全球化有利于我国参与到国际分工的大环境中，发挥我国特有的人力资源和物力资源优势，更好地拓展海外市场。最后，经济全球化可以给我国带来高新技术的创新与革命，有利于我国发展高新产业，实现经济的跨越式发展。

在经济全球化的带动下，我国体育产业取得了飞速发展，逐渐与国际体育产业接轨，不断地交流、碰撞融合。与此相适应，作为体育产业的组成部分，我国的高校体育产业在未来的发展中也将呈现出经济全球化不断增强的发展趋势。

作为高等教育的主体，高校拥有着丰富而优秀的教育资源，而高校体育产业的发展离不开大量高校资源的投入。无论是硬件设施、场地的投入，还是培训服务、教育资源等软实力的投入，高校作为投入的主体占据着重要的地位。随着信息化时代的到来和现代教育理念的发展，不仅国内高校间联系得更为紧密，甚至国际高校间的互动和交流也变得更为频繁和活跃，它们共享各种信息和教育资源，互相访问和对话交流，甚至通过信息平台的搭建和国际高校的友好合作可以完成高校体育硬件资源和软件资源的共享，这些都为高校体育产业全球化的发展提供了良好的平台。如在体育赛事上，通过互联网的传播和新媒体技术的应用，高校体育竞赛的传播得以实现，通过国家的政策扶植和企业的积极参与，各种体育产品得到更好的推广和宣传，所引发的不再仅仅是一国国内的体育消费行为，而是全球范围内的体育消费行为，由此所带来的经济效益也将更为可观。尤其是我国加入 WTO 以后，随着市场经济的不断发展和完善，我国的体育产业也逐渐向世界敞开大门，在各大国际顶级赛事中所出现的各种体育品牌已不再仅仅是美国的“阿迪达斯”、日本的“美津浓”、意大利的“Kappa”等，由我国“体操王子”李宁所创办的“李宁”体育品牌也开始隆重登上世界体育产品的舞台，闪现着“中国制造”的独特魅力。

在经济全球化不断加深的今天，尽管我国高校体育产业起步发展阶段存在着这样或那样的问题，但由于我国体育事业和经济的高速发展，结合其自身所具有的独特优势和得天独厚的发展条件，我国的高校体育产业在未来的国际化大背景下将会取得更好的发展，不断增强的经济全球化趋势更为其发展提供了良好的助力。

二、体育产业呈现多元化发展

经济的发展必然带动体育产业的发展，而体育产业的飞速发展也为经济发展提供了强有力的支撑。经济是体育产业市场化的必然产物，而体育的社会化、产业化、经济化也是体育长远发展的必然途径，两者相互依存、相互促进。我国的体育产业虽然起步较晚，但发展迅速、规模也不断扩大，尤其在经济全球化的大背景下，不断地寻找着自身的突破点。目前，我国的体育产业已不再局限于体育事业本身，而是将其触角延伸到社会生产的各个领域，带动相关产业的发展，呈现出多元化发展的趋势。

自我国体育强国战略提出以来，我国的体育事业便得到了飞速发展，体育强国是新时期我国体育工作改革和发展的重要目标与任务。由此可见，我国极为重视体育事业的发展，而体育事业的繁荣和发展也必将带来体育产业的高速发展。在此背景下，我国的体育产业也将迎来新的发展机遇，高校体育产业作为体育产业的重要组成部分，也将在新的经济形势下呈现出多元化的发展趋势。

在过去，我国的体育产品结构比较单一，多集中在体育服装、运动鞋、体育器械等有形的产品上，而对体育无形资产的开发和利用缺乏足够的重视。而随着科技的进步、经济的发展和我国民众体育消费意识的提高，我国的体育产业多元化趋势明显增强。如目前体育彩票行业的繁荣、体育场馆的运营、高校体育培训服务系统的建立、高校体育俱乐部及赛事的发展等，都是体育产业多元化发展的结果。

此外，高校拥有先进的教育资源和设施，对体育教育、体育产业等理念的研究以及开发各种体育产品拥有的良好基础，通过和社会企业合作，搭建良好的经济互动平台，不断开拓体育产业的领域，将会为高校体育产业的发展带来新的机遇。如通过体育赞助这一互利共赢的合作形式，高校不仅可以解决体育赛事的经费问题，促进高校体育事业的发展，而且企业的知名度也会大幅度提升。另外，在高校体育产品的开发上，高校拥有先进的科研力量，有利于开发出适应社会需求的新产品，为高校体育产业的多元化发展提供了丰富的技术资源。

三、商业化程度不断加深

随着高校体育产业的不断发展和完善，其商业化运作手段日渐成熟，商业化运营模式成为促进高校体育产业发展的重要手段。在未来的发展中，高校体育产业将会呈现出商业化程度不断加深的趋势。

高校体育产业的商业化程度反映了我国体育产业的发展水平，在21世纪的今天，其越来越成熟的商业化运作手段和运营模式为体育产业注入了新的生机和活力，为我国体育产业的发展提供了有力的保障。随着体育产业化的发展和产品质量等级的划分，高校体育产业产品的垄断程度也将进一步加深。在未来的体育产品领域，将会出现体育产业产品垄断的局面。

体育产业产品垄断市场的局面在国外早已出现，如国际体育顶级品牌“耐克”“阿迪达斯”“锐步”等公司在运动服装、运动鞋和其他相关产品的世界体育市场中占有高达80%的份额，而且随着技术的不断创新和体育产业的不断完善，它们在市场上占有的份额将会越来越高。尽管我国的体育产品还未像国外体育产品那样形成强有力的市场垄断，但结合目前我国体育产业的高速发展和体育产业全球化、产业多元化的趋势，在不久的将来，我国的高校体育产品在质量上将会有很大的提升。

此外，从我国体育产业的发展规模和速度来看，高校体育产业已经开始跨越产业的限制，带动周边产业的发展，具有良好的规模效益和示范作用。目前，高校体育产业有着向全产业化和多领域发展的趋势，与其相关联的周边产业也得到了快速的增长，不仅满足了自身发展的需要，更带动了体育产业整体的发展。因此，随着高校体育产业商业化程度不断加深的趋势，其所带动的周边产业的发展也将成为高校体育产业发展的良好前景。

四、在国民经济中所占比重不断加大

高校体育产业是我国体育产业的重要组成部分，也是我国国民经济的重要组成部分，对促进国家经济的发展具有不可忽视的作用。尤其在经济全球化不断深化的今天，我国政府及相关部门对高校体育产业的发展给予了高度的重视。从国家出台的各项法律政策不难看出，政府加大了对高校体育产业的扶持力度，不断完善法律法规，为其健康、快速的发展提供了广阔的空间和有力的环境保障。

随着国家政策的大力扶持和体育产业的产业化和规模化，我国高校体育产业起步虽然较晚，但每年都在稳步提高。尤其在经济全球化的背景下，其自身的优势为其发展提供了良好的基础，已经成为未来新兴产业的重要组成部分，而其在国民经济中所占的比重也将不断加大，必将为国民经济的发展做出重要的贡献。同时，高校体育产业的快速增长也为高校体育事业的发展提供了良好的物质基础，两者相互依存，互为助力，保持了良性循环。

由此可见，在经济全球化和我国经济高速发展的背景下，作为体育产业的重要组成部分，我国的高校体育产业呈现出不同的发展趋势。无论是经济全球化趋势的不断增强、体育产业呈现出的多元化发展还是商业化的不断加深及其在国民经济中所占的比重不断加大，都是我国高校体育产业在新的历史时期所呈现出的常态。对这些经济发展趋势加以分析和展望，帮助人们更好地了解和评估这一产业，同时高校体育产业的发展趋势也为我国的经济发展提供了新的机遇和挑战。

第三节　高校体育产业的管理

在体育强国国策的引导下，国内体育产业也在供需两侧取得长足发展，产业规模逐步扩大，已形成以竞赛表演和健身休闲为驱动，体育用品业为保障，体育场馆、体育培训、体育中介、体育传媒等业态并驾齐驱的多元化发展格局。但在体育产业快速发展的过程中，也暴露出我国体育产业管理的必要性。完善高校体育管理制度，对高校体育产业乃至我国体育产业的发展具有重要的意义。

一、高校体育产业管理的必要性

随着高校体育产业的快速发展，对其进行科学的管理十分必要。这不仅对它不断完善自身的管理体制有着极大的意义，也为高校体育产业长期、稳定的发展提供了强有力的保障。

首先，高校体育产业管理是当前教育和经济大背景下高校体育发展的必然趋势。随着我国体育事业的发展和市场经济的繁荣，高校体育教育在此背景下面临着诸多问题，如高校体育的教育难以适应市场的需求、高校体育资源的严重浪费与民众日益增长的体育消费需求之间的矛盾等，这些都是摆在高校体育教育者面前亟待解决的问题。尤其是随着我国市场化程度的进一步加深，我国高校体育产业在市场化的浪潮中要想占据一席之地，必须有健全的管理体制和市场运行机制，尤其在高校体育产业市场化改造的过程中，高校体育势必受其影响。因此，在当前的教育和经济大背景下，对高校体育产业进行管理是高校体育发展的必然趋势，也是高校体育产业能够长远发展的保障。

其次，在高校体育中融入商业化的管理模式是高校体育产业发展中极为重要的创新。创新是以新思维、新发明和新描述为主要特征的概念化过程，在经济、科学、文化等的进步中具有至关重要的作用。知识经济时代的到来更是为高校体育产业工作带来了新的挑战，创新在此时显得更为重要。作为高校经营管理工作的重要内容，高校体育产业管理在推进高校整体工作前进的同时，也必然经历理念的创新与超越。因此，在高校体育中融入商业化的管理模式不仅是高校体育产业发展的必然趋势，也是时代对其提出的必然要求。

由此可见，对高校体育产业进行科学的管理是大势所趋，不仅是当前教育和经济大背景下高校体育发展的必然趋势，更是高校体育产业发展中极为重要的创新。因此，在高校体育产业飞速发展的今天，对其进行科学的管理显得十分必要。

二、高校体育产业管理的意义

发展高校体育产业是适应社会主义市场经济的需要，是推进高校体育改革，增强自我发展能力的一项重大举措。加快高校体育产业的发展对我国市场经济的发展，高校体育产业文化的发展以及解决高校办学资金问题有着重要意义。因此，必须根据我国体育产业发展的客观实际，针对不同类别体育产业的特点，加强高校体育产业的管理，通过培育体育市场体系，建立宏观调控体系，充分发挥市场机制和宏观调控的双重作用，以确保我国高校体育产业健康、有序、规范化地发展。

（一）有利于高校体育充分发挥其经济效益

市场经济的发展和体育事业的繁荣为高校体育事业的发展带来了前所未有的机遇，高校体育与市场经济的融合是高校体育产业发展的必然趋势。尤其是随着我国市场经济体制的不断发展和完善，高校教育面临着改革和创新，之前完全依靠国家财政拨款的办学模式已不再适应社会的发展，取而代之的是面向社会的开放式自主办学。因此，作为高校教育的重要组成部分，高校体育必将走出高校的大门，迈向社会这个更为广阔的舞台。

高校体育要发挥其经济效益必须与市场经济相结合，走产业化发展的道路，同时还要有完善的运行及管理机制使其功能和优势得到最大程度的发挥，从而实现其经济效益。此外，高校体育产业管理有利于充分开发和利用高校优秀的体育资源，进而使其经济效益得到最大程度的发挥。众所周知，高校拥有丰富而优秀的体育资源，如现代化的体育场馆、丰富的体育器材和优秀的体育教育及训练人才等，这些都是高校体育所独有的资源优势。高校体育产业管理有利于对这些资源进行科学、合理的运营管理及统筹，使这些体育资源不再闲置和浪费，而是充分利用起来，使其价值最大化。如高校体育产业管理者可以利用高校体育的师资力量优势，面向体育市场提供优质的服务，为社会人士提供短期或长期的培训指导、体育咨询、科学研究、裁判竞赛等服务。

由此可见，高校体育产业管理不仅为高校体育产业的发展提供了行之有效的运营管理机制，而且便于对高校丰富的体育资源充分地开发和利用，使高校体育在迈向市场化的进程中充分发挥其经济效益。

（二）有利于高校体育的产业化发展

高校体育的产业化是高校体育产业走出校门与市场经济融合过程中产生的必然结果，它是在保证社会效益的前提下，以产业化为发展方向，通过不断改革和完善自身的体制与运行机制来逐步适应市场经济并进入市场的过程。

在新的历史时期，无论是社会的转型、经济的改革还是教育的发展都必然面临着挑战，高校体育产业作为一种新兴的朝阳产业，不仅与这些社会的变革有着极为密切的联系，而且其自身的发展对于社会经济、高校教育也有着重要的影响。

因此，在新的历史时期，及时建立和完善高校体育产业管理，对于高校体育产业的发展有着重要的作用。首先，高校体育产业管理为高校体育产业的发展提供了科学、系统的运行管理机制，使体育产业的发展有了科学、系统的指导。其次，高校体育产业管理为高校体育产业提供了良好的发展空间和环境，使其能够在科学的统筹规划中朝着正确的方向发展。最后，高校体育产业管理为高校体育的产业化发展提供了科学的管理依据，避免了管理混乱、组织结构不明确的问题。

由此可见，在当前的大背景下，及时建立和完善高校体育产业管理，对于高校体育的产业化发展十分有利。

（三）有利于解决高校办学资金的问题

实施高校体育产业管理不仅是高校体育产业高速发展的必然结果，而且将高校体育与经济发展紧密地结合了起来，既符合现代体育发展的需要，又很好地建立了高校体育经费的补偿机制，促进了高校体育事业与经济发展的良性循环，有效地解决了高校办学资金的问题。

高校体育产业管理促进了高校体育产业的发展，同时也为高校体育教育的可持续发展提供了良好的物质基础，有效地解决了高校所面临的资金困难等问题，同时改善了办学条件。因此，高校体育产业管理通过高校体育产业所发挥的巨大经济效益实现了高校体育的经济功能，为高校的发展提供了充足的资金，极大程度地解决了高校办学资金的问题。

三、高校体育产业管理分类

高校体育产业管理是指高校体育产业管理者为实现既定目标对高校体育产业活动进行的一系列计划、组织、协调、监督等活动。简单来说，就是高校体育产业管理者对高校体育产业活动的管理。依据具体管理内容的不同，可分为以下几类：

（一）高校体育资金管理

高校体育产业活动离不开资金的大量流动及周转，在其过程中需要对资金进行科学、合理的统筹规划及管理，因此，资金管理是高校体育产业管理的重中之重。

高校体育产业管理的主要任务是高校体育产业管理者要严格监督体育产业活动的各项财务情况，利用财务专业知识对各项活动的资金管理进行有效的协助。同时，还要保障资金在法律规范内流转，保障高校投入资金的安全回收并与体育各项活动的财务管理人员进行及时的协调沟通，以保证资金的正常运转。

此外，在具体的高校体育产业管理中要注意以下两点。

其一，要加强高校体育产业的财务管理，这要求依据市场规律和体育活动规律构建符合高校体育市场实际情况的资金管理体系。在资金管理体系的具体构建中，不仅要考虑高校体育市场的实际情况，还要认识到高校体育市场未来的发展趋势，把握其正确的发展方向，使得构建出的资金管理体系既符合当下的需要，又具有前瞻性和开放性，以适应高校体育产业的不断发展，保障资金有序、高效、科学地运作。

其二，要增强高校体育产业的经济活力。在具体的高校体育产业活动中，高校体育市场的健康运作不仅受到日常财务管理的制约，还受到高校本身的政治、经济、文化环境及管理人员的专业素质等多种因素的影响。在具体的运作中，管理人员要深刻认识到市场规律对高校体育产业的支配、调节作用，运用专业的经济学知识合理地进行高校体育的资金运作，最大程度地发挥高校体育产业的经济活力。

由此可见，高校体育产业活动的正常运行离不开资金的合理化运作，资金的合理化运作则需要科学的资金管理。因此，高校体育资金管理对于高校体育产业的健康发展有着重要的意义。

（二）高校体育服务管理

随着社会的不断进步和人们生活品质的日益提升，高校体育市场已不局限于提供有形的体育产品。与之相对应的，无形的体育产品，特别是体育服务，正逐渐成为高校体育市场中的重要组成部分。特别是在人们生活水平持续提高、消费需求日趋多样化，以及高校体育市场日益开放的大背景下，体育服务所占的市场份额正逐年攀升。因此，对其进行科学、系统的管理显得尤为重要。

高校体育服务管理是一个涉及面广泛、内容复杂的系统工程，它不仅涵盖了如何利用高校内丰富的体育人才资源为社会大众提供专业、系统的体育培训和训练指导等服务，还包括如何通过开放高校内先进的体育设施，为社会各界提供场地租赁服务等多个方面。

在服务过程中，高校必须始终树立以消费者为中心的服务理念，将消费者的需求和满意度放在首位，通过不断优化服务流程、提升服务质量，来赢得消费者的信任和好评。例如，高校可以根据消费者的不同需求和体质特点，量身定制个性化的训练计划，提供专业、科学的训练指导；同时，还可以通过完善场地设施、优化租赁流程等措施，为消费者提供更加便捷、高效的场地租赁服务。

此外，为了适应高校体育产业的发展需要，我们还必须不断完善自身的服务管理体系。具体来说，需要建立一套科学、合理的服务管理系统，通过引入先进的管理理念和技术手段，实现服务流程的标准化、规范化，从而提升服务效率和质量。同时，还要加强对服务人员的培训和管理，提高他们的专业素养和服务意识，确保他们能够为消费者提供专业、周到的服务。

（三）高校体育竞赛管理

随着体育产业的快速发展，人们对于体育消费的需求不断增大，其中体育竞赛为高校体育竞赛在体育市场中的快速发展提供了良好的条件。

高校体育竞赛的繁荣促进了高校体育产业的发展，为高校体育产业注入了新的活力。随着高校体育竞赛的不断扩大，对其进行科学的管理显得十分有必要。

高校举行各种各样的体育竞赛必然要面临成本问题，而要满足高校体育竞赛的需求仅仅依靠高校单方面的投入是远远不够的，这需要对高校体育竞赛进行合理的规划和统筹。在市场经济下，有需求就有商机，需求就是可利用的经济原动力。因此，在对高校体育竞赛进行管理的过程中，既要充分认识到需求的作用，同时还要注意管理的程序及内容。

首先，要进行竞赛成本预算编报。竞赛成本预算编报可使管理者对竞赛的成本有合理的估算，同时也是申请费用与执行开支的依据，使竞赛成本明细化，便于成本的管理。其具体内容主要有布置竞赛场地费用、器材设施费用、宣传费、奖品费、裁判工作人员费以及组织管理费用等，在对这些费用进行预算时要充分调查、研究各项费用的标准，尽量做到科学、合理地编制预算。

其次，要对竞赛成本预算编报进行严格的财务审核。在竞赛成本预算编报上交后，要由具备专业知识的财务人员对其进行严格的审核，及时发现不合理的地方以便进行修改。在审核过程中，财务人员不仅要充分考虑到竞赛成本的各项支出费用，还要考虑到突发情况下应急费用的支出，以保障体育竞赛的顺利进行。

（四）高校体育场馆管理

高校体育场馆是高校丰富的体育资源之一，对其进行合理的开发和利用不仅可以解决高校体育资源大量闲置、浪费的问题，而且可以发挥其最大经济价值，开拓高校体育市场，促进高校体育产业的增长。因此，在高校体育市场化运作的今天，对其资源之一的高校体育场馆进行科学的管理显得尤为重要。

随着高校体育产业市场化程度的进一步加深，高校体育场馆开始进入市场化运作，其运营管理的状况不仅直接影响着高校体育产业的增长，而且与高校体育教育的发展有着密切的关系。因此，在进行高校体育场馆管理工作时要注意以下两点：

其一，要合理解决高校体育教育与高校体育产业增长之间的矛盾，实现两者的共赢。这要求高校体育场馆在进入市场化运作时要在不影响高校体育教学任务的前提下进行。高校体育产业管理者要提高这一方面的认识，首先要以满足高校体育教学任务为出发点对高校体育场馆进行市场化运作，在满足体育教学任务的前提下再考虑体育场馆的创收问题。因此，管理者要与高校体育教学部门进行有效的沟通协调，安排好体育场馆对外开放的时间，避免与体育教学产生冲突。

其二，将体育场馆的有偿消费人群锁定在社会人士的范围以内，尽量少赚学生的钱。学校建立体育场馆最初的目的是为广大师生提供服务，这是受教育者应享有的权利，而且作为无收入人群，学生的消费能力极为有限，如果高校体育场馆不加选择地对学生收费，这在无形中会加重学生的负担。因此，高校体育场馆的服务应主要面向社会人群，通过向社会提供服务实现高校体育的创收。对于面向学生的收费要慎重考虑，应根据学生的实际消费情况进行合理的规划。

总而言之，在高校体育场馆的管理工作中，不仅要对高校体育场馆进行合理开发和利用，避免资源的闲置和浪费，充分发挥其资源优势以实现经济效益的最大化，还要有效解决高校体育教育与高校体育产业增长之间的矛盾，将体育场馆的有偿消费人群锁定在社会人士的范围之内，以实现经济的创收，进而促进高校体育产业的增长。

第四章　体育产业及高校体育的市场化发展

体育产业的市场化经营是衡量其科学化发展水平的重要指标，同时也意味着体育产业的运作遵循市场经济的基本规律。在全球化的大背景下，体育产业正逐渐向全球市场拓展，这就要求管理者和经营者在推动产业发展的过程中，必须处理大量复杂的信息，并结合企业的实际情况，根据市场的发展趋势来确定自身的市场定位和发展目标，从而在复杂多变的市场环境中采取适当的管理策略。

为了有效地实现这一目标，体育产业的经营管理者需要对市场化运营的相关概念、理论和规律有深入的了解和掌握。他们必须能够透过市场现象，洞察其背后的本质规律，这是做出正确决策、实现体育产业长期发展的基础。

在市场化的背景下，体育产业的管理者和经营者面临着前所未有的挑战和机遇。他们需要具备敏锐的市场洞察力，能够迅速适应市场变化，制定出符合市场需求的策略。此外，他们还需要具备良好的创新能力，能够不断推出新的产品和服务，以满足消费者的多样化需求。

对于高校体育而言，市场化发展同样重要。高校体育不仅是培养学生体育技能和健康生活方式的重要途径，也是培养未来体育产业人才的摇篮。因此，高校体育应该积极引入市场机制，通过与企业的合作、举办体育赛事等方式，提高高校体育的影响力和竞争力，为学生提供更多的实践机会和就业渠道。

第一节 体育产业经营与管理的理论与环境分析

一、体育产业经营与管理的基本理论

（一）体育产业经营管理的概念及要素

1．体育产业经营管理的概念

体育经营，指的是在充分利用自身资源的前提下，体育经营单位能够在遵循市场规律的前提下，持续生产体育商品并进行交换的一种有组织的经济活动。

在整个体育领域中，体育经营活动只是其中的一种，其所指代的是所有以体育活动为内容的，将盈利作为最终的目的，并通过商品的形式进入流通领域的一种经营活动。从现代体育经营活动的发展来看，其活动形式多种多样，并且含有丰富的内容，蕴含多项功能，包括竞技、娱乐、文化、表演等。

体育产业经营管理，指的是一个国家的体育产业中，处于高级层次的管理者对低级层次的管理客体，通过一系列手段来实现既定目标，对他人的活动进行协调的一种活动过程，所使用的手段主要包括领导、组织、决策、控制、创新等。对于体育产业的市场化管理来说，其主要目的是促进体育竞技效益的最大化，在这一过程中，需要使用到科学的管理方法和管理手段。

2．体育产业经营管理的要素

在经济管理学范畴，体育产业经营管理应当由体育产品、环境要素、人力资源、财力资源、物力资源这五方面的要素所构成。

（1）体育产品。体育产品是体育经营单位开展体育经营活动的基础，并且体育经营者相关活动的开展也是围绕体育产品这个中心来开展的。体育产品主要可以分为以下三类：

①体育劳务产品：如运动竞赛、体育表演、健身辅导、场馆服

务等。

②体育实物产品：如运动器材、运动服装、运动饮料及各种运动营养补剂等。

③体育精神产品：如体育报纸杂志、图书画册、影视录像等。

（2）环境要素。体育产业经营管理的环境要素，实际上指的就是市场要素。当前，我国实行的是社会主义市场经济体制，体育经营环境中最为基本的要素就是市场，在体育商品生产经营者的有效运营下，市场可以为其提供更为广阔的生存空间，大多数的体育商品经营活动都需要通过市场这个活动场所来进行。

（3）人力资源。在体育产业朝向市场化发展的过程中，其中的人力资源部分是由管理者和被管理者两方面来组成的，这构成了体育产业经营管理的主要活动主体。

体育产业经营状况的好坏，与企业内部人力资源素质的高低之间具有重要的影响作用，并且对于充分调动员工的工作积极性，高质量完成企业经营任务，提高企业效益方面都具有重要的意义。通常情况下，体育产业经营管理者应当具备的素质包括以下几方面：

①掌握体育发展的一般规律和体育市场的发展规律。

②能够熟练运用现代科学的经营管理的方法。

③具有扎实的经营管理知识和较强的经营管理能力。

④熟悉体育运动的规律和特点。

随着现代经济的高速发展，体育产业的发展迎来了新的契机，体育经营管理活动所面临的各种不确定因素也在逐渐增加，环境也变得更为复杂，在这种情况下，想要不断提高体育产业的经营效益，对于管理者来说，就需要充分掌握现代企业经营管理理念，并能够熟练对其运用，从精神层面对体育管理活动形成正确的认知。此外，体育产业的管理者还需要对体育管理系统的构成要素和组成结构有明确的把握，并能够在未来的体育产业实践管理活动中逐渐形成科学的思维模式。

（4）财力资源。所谓的财力资源，实际上指的就是资金，这是任何一项体育活动都不可缺少的因素，同时也是体育企业开展各项体育活动的基础。

体育企业在体育市场运营过程中，组织的所有活动都必须有一定的资金支持，这是各项体育经营活动开展的基础。从我国体育产业经营活动所需要的财力资源来说，其主要有两个来源：

①国家财政拨款：在计划经济时期，政府的财政拨款是体育企业活动所需资金的主要来源。随着时代的进步以及人们思想认识的逐渐提高，人们对体育的重视程度不断提高，体育成了衡量一个国家综合国力的重要标志，并且在拉动国民经济增长方面也发挥出了越来越重要的作用。在这种情况下，政府也逐年增加了对体育产业发展的资金支持。在体育事业的发展中，政府必须要承担相应的扶持作用，是通过法律的形式被确定下来的。

②社会筹集：当前，我国已经进入了市场经济体制，集资、捐资和借贷这三种资金筹集形式，也成为了体育产业发展资金的重要来源渠道。

（5）物力资源。物力资源，指的就是生产资料，这是体育企业进行生产所必须具备的条件，同时也是体育企业管理者进行相关的经营活动的物质基础。体育企业涉及的物力资源所包含的范围极为广泛，凡是与体育相关的工具、原材料、机械，甚至是建筑物等都应被包含进去。对于体育企业的经营管理者来说，其对体育物力资源进行管理的主要目的是延长相关物力资源的使用寿命，提高其使用效率，保证其自身的价值能够被充分发挥。

（二）体育产业经营管理的科学原理

1．人本原理

（1）人本原理概述。所谓的人本原理，也就是所谓的以人为本的思想。在所有的管理系统中，主体都必定是活动的主体，对活动进行相关管理的主要目的就是确保人的主观能动性的充分发挥。实践证明，在一个团队中，如果能够充分调动构成人员的主观能动性，能够积极完成工作，那么该团队的工作完成结果通常也是最好的。由此可见，在对活动进行管理过程中，所要解决的核心问题是，为人们提供一个良好的活动环境，确保人的主观能动性的充分发挥。

企业科学管理运营，最为重要的是强调人的价值，将对人的管理放在首位，这样才能保证企业效益的提高。在企业经营管理过程中，人充当了两方面的作用，既是管理的主体，同时也是管理的客体。根据主客体所承担责任的不同，可以将人分为管理者与被管理者。对于现代企业管理来说，关键是要做好人的工作。企业管理目标的实现，最重要的一项手段就是确保人的创造性和主观能动性的充分发挥。

（2）人本原理在体育产业经营管理中的应用。对于体育产业经营管理来说，人本管理原理的体现是要在管理过程中充分体现以人为本的思想，确保人性能够得到完善的发展。从实践层面来说，想要确保人本原理的科学实施，实现经营和效益的最大化，就必须遵循以下几项原则：

①行为原则。所谓的行为，也就是人们在各种活动中所做出的各种动作。动作表现为人的外在行为，而意识则表现为人的内在行为。在社会生活中，人们在思想、感情、动机、思维能力等方面的综合素质反映在人的行为上。实际上，人的动机决定着人的行为，而人的需要则又决定了人的动机。从这个角度来看，所谓的行为原则，就是要了解人们的需要与动机，在掌握了人们的行为规律之后才能进行正确的管理。在企业管理中，遵守行为原则，就要求企业的管理者必须要能明确人的心理反应，这样才能采用恰当的手段措施，全面激发人的动机，释放员工的潜能。

②能级对应原则。能级原本属于物理学中的概念，所谓的“能”指的是做功的量。能级对应原则，指的是在现代企业生产经营管理活动中，其中所涉及的机构、规章和人都会涉及能量的问题，根据能量大小的不同就可以对其进行分级处理，高能级需要处理高能力的事项，低能级面对的则是低能力的事项，管理活动必须要做到能级对

应。从管理的组织结构来看，稳定的正三角形是管理结构的基本形态。通常情况下，管理结构可以分为四级，分别为决策层、管理层、执行层、操作层，这四个层级相互结合就构成了一个正三角形管理形态。针对同层级的管理，要始终坚持能级对应的原则，尤其要对人的能级对应引起注意。对于不同的人来说，其所具备的能力是不同的，根据员工能力的大小，要坚持实行能级对应的原则。根据人的能力高低的不同，为其安排相对应的工作，这样才能实现人尽其才的最佳用人效果。

③动力原则。在体育经营管理活动中，还必须坚持动力原则，要认识到激发员工主观能动性的重要性，要能够充分发挥人的才能，确保企业各项工作和任务的高效完成，提高企业的收益。企业管理贯彻动力原则，具体来说就是要能够实现对三种动力的充分运用。

第一，物质动力，企业可以通过物质激励的形式来调动员工的工作积极性。“物质基础决定上层建筑”，人们的行为、意识都会受到物质的影响，因此最为基本的动力就是物质动力。具体来说，物质动力主要包括工资、奖金、福利等。想要确保物质动力的充分发挥，对于管理者来说，就需要将员工的工作成果与物质利益结合起来，实现按劳分配的原则。需要注意的是，物质动力所起到的作用也是有限的，在使用过程中必须注意恰当的原则，如果操作不当可能会产生一定的副作用。因此，企业管理者在使用物质动力的过程中，通常会结合其他的动力共同发挥作用。

第二，精神动力，指的是企业管理者可以通过利用精神的力量，来激发员工的工作积极性。通常情况下，精神动力主要涉及的内容有建立远大的理想、宗教信仰、爱国主义、受到尊重、组织关心等。人的生活需要一定的精神支柱，行动会受到不同思想和信仰等的影响和支配。因此，人的行为表现会受到其精神状况的影响，甚至在一些情况下，还可以弥补物质动力激励不足的情况。

第三，信息动力，指的是通过在企业内部实行信息的交流，从而不断提高员工工作效率的动力形式。一般来说，信息动力所包含的内容有知识性动力、激发性动力和反馈性动力。在这三种信息动力中，最为基本的是知识性动力，对于员工来说，其所掌握的知识量越大，对工作的进行就更有利。最为重要的信息动力是激发性动力，例如，企业想要了解运动项目的未来发展动向，可以通过体育比赛的形式来了解，这样可以掌握比赛选手的运动技能和战术水平，以此及时来对自身的训练和比赛方案进行调整。此外，通过内部的信息交流，对于运动训练管理中的各项工作，也可以充分激发出员工的工作积极性。通过对反馈动力的运用，可以让我们认识到自身的工作与管理目标之间所存在的差距，这样可以对工作及时进行调整，对工作不断进行完善，从而最终促进管理目标的实现。

在对体育产业进行实际经营管理中，要对物质动力、精神动力和信息动力有全面的了解，掌握它们的优缺点，并根据企业内部运行的实际情况采用恰当的动力方式。在实际运用中，可以以其中的某一项动力作为主要动力，还可以结合其他动力形式作为辅助，实现有机结合。此外，对于动力形式使用的程度，也要注意恰当的原则，掌握适宜的动力“刺激量”。一般来说，能够调动起人的积极性是制定“刺激量”的主要标准。如果制定的“刺激量”过大，可能会造成企业的损失，产生的效用也不会过大；如果“刺激量”过小，则可能不会产生相应的作用。通常情况下，随着体育产业管理环境和管理对象的变化，“刺激量”的制定也会随之发生变化，这样才能达到最充分地调动员工工作积极性的效果。

2．责任原理

（1）责任原理指的是为了促进组织目标的实现，充分挖掘人的潜能，在合理分工的基础上，对每个部分和每个人所应承担的工作量和工作责任进行明确的规定。责任原理的本质，就是要不断提高员工的工作效率和企业的收益。

在企业管理活动中，人是主体，人的行为的最终执行力度与人自身所具有的责任感有直接的关系，并且还会对管理系统的工作效率产生影响。因此，在企业的管理中，必须要确保责任管理原则的充分发挥，将工作的责任落实到个人的身上。

（2）责任原理在体育产业经营管理中的应用。

①明确职责。在企业经营管理的前提和基础上，对分工进行明确，只有在明确分工之后，才能进行职责划分。例如，对于运动训练管理来说，其是一项系统工程，承担了多项任务，包含繁杂的工作项目，因此，必须对分工进行明确。如果不进行分工，那么实际的工作是根本无法开展的；如果分工不够明确，那么未来的工作也必然会产生多种混乱的情况。需要注意的是，分工与职责的内涵与意义是不同的。对于分工来说，主要是从形式上对工作范围进行划分，对于工作的数量、质量、完成的时间、效益等，却没有做出明确的要求。对于职责来说，是建立在分工的基础之上的，并且无论是对于工作的数量、质量，还是时间、效益方面，都有着严格的规定和限制。

②合理授权。职责与权力是一对矛盾体，二者之间是对立统一的关系，在对员工承担的职责进行明确之后，就需要对其授予相应的权力，包括人权、物权、财权等，这样才可以确保其职责的顺利完成。想要员工对工作完全负责，仅仅对其进行合理的权限委托是不行的，还必须让其承担一定的风险。此外，在对员工的职位进行设计，并对权限进行委授的过程中，还必须注意到个人的能力要与承担的工作责任相匹配，这样才能达到人力资源的最佳配置。

3．竞争原理

（1）竞争原理概述。竞争原理，指的是为了各自目标的实现，个人与个人之间、团体与团体之间、国家与国家之间相互展开竞争，以此寻求成功的理论。

优胜劣汰原则是事物发展的一般规律，其同时也是实行竞争原则的根本依据。体育运动所具有的一项突出性特征就是竞争，竞争的观念存在于体育活动的方方面面。只有在竞争的环境下，员工才会产生压力，才能激发出更大的潜能，开展更多的创造性工作，克服各种困难。在一定的竞争环境中，还可以促进内部团结的实现，这对提高团队的凝聚力是极为有效的。通过一定程度的竞争，还可以将集体组织起来，展现成员的生机与活力。

（2）竞争原理在体育产业经营管理中的应用。在对体育产业进行管理的过程中，要始终坚持竞争意识的培养，不断引入竞争机制。这样做的目的，是通过良性的竞争激发员工的工作热情，充分展现进取精神。具体来说，在体育产业经营管理过程中，需要注意以下两点内容：

①树立竞争意识。团队内部竞争意识的树立，可以推动系统朝向更好的方向进行发展。但需要注意的是，竞争只是激发员工工作激情的一项手段，并不是企业管理的主要目的，竞争的目的在于激发员工的动力，不断提高工作的技能，在体育产业管理者与被管理者之间建立起稳固的友谊，实现二者的团结与合作，促进团队精神的培养，在企业员工的共同努力下，确保体育产业效益的最大化。

②竞争标准、条件一致。竞争展开的基础是要确定竞争的标准，明确竞争的条件。对于企业经营管理者来说，在对同一级别的运动员进行管理的过程中，要设置统一的竞争标准，这样可以充分展现评价的公平性，同时还有利于企业目标的实现，促进企业整体结构的优化。

（三）现代体育产业经营管理新理念

随着现代社会人们对于体育重视程度的不断加深，体育市场的发展更加快速，对外开放程度也不断提高。随之而来的是，体育产业管理者所面临的挑战更是前所未有。在市场经济条件下，管理者必须从企业自身的实际情况出发，始终坚持科学的管理理念，不断创新经营管理方式，确保现代体育产业实现最大化的效益。

1. 品牌经营

品牌经营，指的是在企业的经营活动中，将品牌看作独立的资源和资本，然后将其作为主导，以此来对它的资源和资本产生关联和带动作用，从而最终为企业带来最大化的经营效益和社会效益。现代社会中，随着人们品牌意识的不断增强，人们对品牌也产生了很高的忠诚度，这就使得很多企业开始对自身的品牌建设与经营引起重视，开始逐步进行品牌化经营，这是企业市场化的必由之路，同时也是体育产业市场内部竞争日趋激烈的结果。

随着市场经济发展速度的不断加快，企业间的竞争也更为激烈。当前，很多企业都开始重视对高新技术的运用，使得自身的生产技术不断提高，企业的规模也不断扩大，在企业竞争意识不断增强的前提下，无论是企业的数量还是产品的质量，彼此之间都相差无几，这就造成企业想要在市场竞争中有所突破变得异常困难。面对这种情况，企业想要实现可持续性的发展，就需要寻求新的发展机遇，采用更为先进的管理理念就成为企业繁荣的关键。

在体育市场竞争空前激烈的背景下，体育企业想要实现良好的发展前景，就必须采用创新的观念，不断对产品和自身的经营理念进行创新，重视自身品牌的建设与经营，明确市场定位，不断塑造自身的品牌形象，找到适合自身发展的特色产品品牌，始终坚持科学的管理理念，从而全面提高企业的市场竞争力。

2．关系管理

企业关系管理，指的是对体育企业在市场运营中所涉及的多方面关系进行建立、协调和维系，这是巩固体育企业各方面关系的一项重要活动。其中，与体育企业相关的各方面的关系包括体育企业与体育消费者、体育资料供应商、参与伙伴以及体育企业内部员工的关系等。在企业关系管理中，企业的最高目标是满足市场的各项需求。在该管理理念的指引下，体育产业经营管理者就必须将满足市场需求作为依据，以此来对不同关系对象之间的关系进行协调及科学处理。

体育产业的管理者在对企业进行经营管理的过程中，主要驱动力为对体育产业消费者的经营，并且要注重协调经营管理活动中各方面的关系。

3．知识管理

知识管理的概念有广义和狭义两个方面。

从狭义的角度来看，在现代生产领域中，知识管理指的是对有知识的人、各种技术资料、信息数据和各种经验、创造性成果等要素所进行的管理。

从广义的角度来看，体育企业的知识管理指的是为了提升企业的核心能力，而对企业知识资源进行整合的动态管理过程。需要注意的是，该过程是一个动态循环的过程，包括诸多环节，如知识获取、知识整合、知识吸收、知识应用创新等。在对体育企业进行经营与管理的过程中，企业内部的驱动力促使企业实现知识管理的发展创新。

通常情况下，企业知识管理所需要的内部驱动力是由企业文化、高层支持、组织机构、信息基础和激励机制这五个方面的因素所构成的，它们共同发展促使了企业知识管理工作的顺利开展。

二、体育产业经营与管理的环境分析

（一）体育产业经营管理的宏观环境分析

1．经济环境

对于企业经营管理来说，最为基本和直接的因素就是经济环境因素。具体来说，经济环境因素所包含的范围是，体育企业在实际的经营管理过程中所面对的各种经济条件、经济特征、经济联系等客观因素。

此外，国际体育市场的发展也是体育产业在经营与管理的过程中所必须考虑的经济环境因素。加入 WTO，给我国经济的发展带来的不仅是机遇，同时也伴随各种各样的挑战，对于体育产业的发展来说也是如此。

国际竞争给我国体育产业带来的挑战可以分为两方面：第一，短时间内国外体育企业大量涌入我国，强烈冲击到了我国本土体育企业的发展，我国本土体育企业所占的市场份额被缩小。第二，我国体育企业由于发展时间较晚，因此所拥有的市场竞争力较弱，能够最终走向国际体育市场的都是少数。在我国国内体育企业的发展面临巨大挑战的情况下，对于国内体育企业来说，就必须做到“知己知彼”，要全面认识和了解国际体育市场发展的现状、规律和特点，明确自身发展中存在的优势和弊端，寻求恰当的解决方式，这样才能在国际体育市场中占领一席之地。

2．政治环境

政治环境主要涵盖了国家或地区的政治制度、体制以及方针政策。这些政治因素会直接影响到生产体育产品的企业内部管理政策。换言之，体育企业在制定和执行管理政策时，必须充分考虑并遵循当前的政治导向和规定。此外，体育企业在经营和投资决策中，也会受到政治环境的间接影响。例如，当政府出台某项扶持体育产业的优惠政策时，企业可能会调整其经营策略，以更好地利用这些政策带来的机遇。

近年来，随着体育产业在国民经济中的地位逐渐提升，政府也加大了对该产业的关注和支持力度。一系列旨在促进体育企业发展的优惠政策相继出炉，为体育产业的蓬勃发展注入了新的活力。然而，政府的角色并不仅限于提供政策支持。在社会主义市场经济的大背景下，政府还需要对体育企业进行宏观调控和市场监督，确保其发展方向的正确性。通过这种方式，政府能够在体育产业内部扶持起一批具有主导性的体育企业，进而通过这些企业的引领作用，推动整个体育产业的繁荣与进步。

3．法治环境

法治环境是市场经济的基石，确保了体育市场的公正、有序竞争。在体育产业中，完善的法律法规体系不仅保护知识产权、合同权益，还通过反垄断、反不正当竞争等法规维护市场的公平性。相关法律监管部门扮演着裁判员的角色，通过严格的执法和公正的裁决，促进市场规则的遵守，保障所有参与者能够在同一套游戏规则下公平竞争。这种公平竞争的环境激励企业创新、优化服务、提高效率，从而在追求个体利益最大化的同时，也促进了体育产业整体健康、快速、可持续地发展。

4．自然环境

自然环境对体育产业的经营策略和经济效益有着不容忽视的影响，这包括地理位置、气候条件、自然资源以及人口分布等自然因素。例如，地理优势如靠近自然景观的地区可能更适宜发展户外运动项目，而气候温和的地区可能更易于常年举办各类体育赛事。人口密度和结构则决定了潜在的市场规模和消费偏好，年轻且活跃的人口群体往往能为体育消费带来更大的推动力。然而，自然环境的限制也可能成为体育产业发展的阻碍，如极端天气事件对户外运动的冲击，或某些地区因地理隔离导致的基础设施不足。因此，体育产业在规划和运营中必须充分考量自然环境因素，合理布局，扬长避短，实现与环境的和谐共生。

5．社会文化环境

体育产业经营管理中所涉及的社会文化环境，指的是一个国家或地区的民族特征、价值观、文化传统、宗教信仰、教育水平、风俗习惯、社会结构等。体育企业生产的产品或是提供的相关服务，都会受到社会文化环境的影响，通过连锁效应，体育企业的经营管理行为也会受到相应的影响。

从当前我国体育的发展情况来看，体育既是一项事业，同时也是一项产业。在体育发展中，制定的最高价值目标是，提高国民的身心素质，增加国民福利，满足社会公众在身体健康和心情愉悦两方面的需求。这同时也是近年来我国在全国范围内大力推行全民健身的主要原因，全民健身热潮的出现就为体育产业的进一步发展提供了一个绝佳的契机，开拓了体育产业的市场，拉动了国内的体育消费需求，这对推动我国体育产业的发展具有重要的作用。

6．科技环境

体育企业在经营与管理过程中所面临的一个重要因素就是科技环境因素。对于体育生产来说，不仅科技环境会影响到企业的内部环境，相关的经济环境和社会环境也会影响企业生产。

从政府的角度来看，全面拉动我国体育产业的整体竞争力，实现体育产业经营方式的转变，先进的科学技术是关键。从这个角度来说，体育企业的经营重点是，为其营造一个良好的科技环境。

要始终将创新意识融入企业经营管理过程之中。在激烈的体育市场竞争环境中，企业想要在其中占领一席之地，就必须要对当前科学技术的发展情况有明确的把握，不断将最新的技术和生产观念融入企业经营管理当中，创新工艺设备、增加体育产品种类，满足不同消费者的需求，这样才能在市场中求得生存和发展。

（二）体育产业经营管理的微观环境分析

体育企业的经营与管理，不仅要受到宏观环境的影响，还会受到微观环境的影响，并且微观环境的影响要更为直接一些。需要注意的是，在对体育企业生产经营产生影响的所有微观环境中，其中的一部分因素是可以进行控制的，因此对于企业管理者来说，要格外引起重视。

1．体育市场构成

从体育企业经营管理者的角度来看，明确体育市场的构成是其实现科学经营与管理的前提条件。只有在明确体育市场的构成要素及其之间存在的紧密联系之后，才能对自身的体育企业进行有针对性的管理，保证各项政策制定的正确性。

（1）体育消费者。在体育市场交易中，消费者就是其中的“买方”，他们是体育市场营销的目标。由此可见，体育消费者实际上就是购买体育产品或是服务的人。根据消费者购买产品的不同，可以将体育消费者分为三种不同的类型：

①实物型体育消费者：购买运动器材、运动服装的人。

②观赏型体育消费者：观看体育比赛、体育表演的人。

③参与型体育消费者：参加体育锻炼、接受体育技术培训指导的人。

除此之外，在体育产业经营管理中，很多企业或是商业组织都是以赞助商的形式加入进来的。他们也可以被看作是一种类型的体育消费者，其交换的是货币、产品或服务，然后通过获取体育赛事冠名权的形式或是其他形式来获取商业利益。

（2）体育产品。在体育市场中，能够满足消费者需求的就是体育产品，实际上指的就是体育生产者提供给体育消费者用于价值交换物（或服务）。

从一定程度上来说，体育产品有特殊性的存在，主要表现在，人们在参与体育活动的过程中，极为注重自身的亲身参与性和情感体验，他们购买体育产品的目的并不仅仅是想要拥有这件产品，而是想要通过该产品获取更多的情感体验，包括团体归属感、社会地位的优越感、休闲娱乐的感觉和健康的生存状态等。从这个观点出发，体育产品所包含的范围就显得更为广泛，只要是能够给体育观众、参加者、赞助商带来一定利益，从而专门设计出来的实物或是服务就都可以被包含在内。根据体育产品形式的不同，可以将体育产品分为以下几种类型：

①体育赛事：包括比赛本身、运动员和运动场。

②体育用品：包括器材、特许商品、收藏品和纪念品。

③体育服务：包括提供给人们以满足他们体育活动的健身中心、健康服务、体育指导。

④体育信息：包括体育新闻、统计资料、日程以及有关体育的故事等。

（3）体育产品供应商。所谓的体育产品供应商，实际上指的就是参与体育市场交易的“卖方”，与“买方”共同构成了体育市场的经营主体，其同时也对体育市场的营销活动起着重要的主导作用。具体来说，体育产品供应商可以分为如下几类：

①体育器材的生产商。

②体育场馆或健身娱乐场所。

③运动员或俱乐部的所有者。

④协会或联盟在内的各种体育组织。

2．体育市场供需

把握体育市场的发展趋势，明确体育市场的发展现状，是对体育企业进行经营与管理的一个重要前提。在这一过程中，针对市场的发展状况，体育企业的管理者所作出的相关决策，要受到体育市场供求关系的重要影响。对于体育企业来说，想要提高自身的经济效益，改善经营者管理水平，其最为关键的一点就是要明确当前体育市场的供求情况。

在我国市场经济快速发展的情况下，人们的购买水平也有很大提高，当前的市场经济已经进入了买方市场阶段，对于体育企业的相关经营者来说，明确体育市场的消费需求就成为其关注的重点。随着人们对体育消费需求的不断增长，体育企业的发展方向也在随之进行着调整。

（1）体育市场供给。在庞大的体育市场中，会对体育市场内部的供求关系造成影响的因素，主要有以下几点：

①生产者的预期。对于体育产品的生产者来说，生产者的预期是其中的一个重要影响因素，具体来说主要表现在两方面：第一，如果体育产品生产者看好未来的预期，那么生产的产品价格就会随之上涨，产品的供给量也会随之提高。第二，如果体育产品的生产者不看好产品的未来发展走向，那么就会适度降低产品的价格，产量也会随之削减。在这一过程中，体育企业的经营者和管理者是否能够对体育市场进行科学的判断，是决定生产者预期是否科学的重要因素。

②产品价格。体育企业对产品的最终生产量与产品价格之间也有着密切的关系，二者之间是一种正向关系。通常情况下，对于那些与体育相关的企业来说，他们对于价格较高的产品较为青睐，这是因为产品的生产者为了能够获得更高的利润，进而会提高该项体育产品的产量；但是当体育产品的价格较低时，体育产品的生产者不能获得足够的利润，那么产品的产量也会随之降低。

③生产技术水平。生产力的发展归功于生产技术的提高，并且可以适当降低企业的生产成本，进而增加企业的利润，企业对于产品的生产量也会随之提高，这同时也是体育产品的生产方式不断由机械制造取代手工制造的一项重要原因。

需要注意的是，企业产品生产技术的提高，需要一定资金的支持。对于那些体育奢侈品的消费，在提高相应的生产技术之后，会为消费者带来全新的体验，随之带来的就是产品和服务价格的提高。

④相关物品价格。与体育产品相关的物品可以分为两类，即联合副产品和其他相关产品。这些产品能够被生产出来的主要原因，是为了满足人们更高层次的精神需求。对于体育产品生产者来说，在实际的生产过程中，会有很多与体育相关的副产品的产生，包括新闻、竞赛名称、指定产品等，这类属于副产品。而体育相关产品则主要指的是体育文学艺术、体育休闲娱乐等。体育产品和服务的最终价格也会受到这些产品价格的影响。

（2）体育市场需求。所谓的体育市场需求，指的是在一定时期内，消费者愿意最终实施购买行为，并且能够购买的体育产品的数量，是消费者购买欲望和购买能力的统一。实际上也就是说，体育市场需求实际上指的就是消费者对于体育产品的最终购买数量。一般来说，会对消费者购买体育产品的数量产生影响的因素主要以下有三个：

①体育产品价格。消费者购买体育产品的数量会受到产品价格的影响。在市场经济条件下，产品价格与消费者的需求之间是一种反比例的关系，也就是说，在体育市场中，体育产品的价格越高，消费者对该项体育产品的购买数量就会越少；反过来，消费者的购买数量则会越大。在一些特殊的情况下，一些消费者会对那些价格较高的体育产品情有独钟，但是这种情况较为少见。

②消费者收入水平。消费者对于体育产品的购买力会受到其收入

水平的决定性影响。通常情况下，消费者的收入在提高之后，对体育产品的需求量也会随之提升；相应地，消费者的收入在降低之后，对于体育产品的需求量也会随之下降。这种情况的出现主要是由体育产品的消费性质所决定的，体育产品并不属于必需性消费，而是属于发展性消费的范畴。

③消费者偏好。消费者对于体育产品的购买数量也会受到消费者偏好的重要影响。当消费者对于某种体育产品产生较高的好感时，对该项产品的购买量就会提升；当这种好感度逐渐下降时，相应的购买量就会下降。例如，在我国体育市场中，国内的消费者对于足球、篮球、乒乓球、羽毛球等项目较为偏爱，在国内有着广阔的群众基础，因此该类体育产品的市场需求量很大。

3．体育产业资源

体育产业资源实际上指的就是体育产业经营与管理过程中所涉及的多项内部资源，其包括的范畴极为广泛，包括人力、物力、财力等多方面的资源，这些资源就共同构成了体育产业的经营。

对于体育企业的经营与管理者来说，其必须要注重对自身资源的优化配置，这对企业经营管理的成本与效率都具有重要的影响，为了提高企业的效益，实现体育企业的可持续发展，其中的一项重要措施就是要实现对人力资源、物力资源、财力资源的优化配置。

4．体育产品消费者

从体育产品消费者的消费水平可以分析出，在一定时期内人们对于体育消费需要的实际满足程度。也就是说，通过体育产业提高消费者的消费水平，可以看出人们实际购买的体育产品数量，从这里还可以在一定程度上反映出体育产品的质量情况。由此可见，体育企业的经营者和管理者在对自身的生产经营状况进行调整的过程中，可以将一段时间内消费者对体育产品的购买数量作为一项重要的依据。

第二节 市场经济环境下的体育消费

一、体育消费的概述

（一）体育消费的概念

在市场经济环境下，体育消费主要指人们用于体育活动以及与体育方面有关的消费，主要包括用于购买体育器材、体育书刊等一些实物型的消费支出，还包括观看比赛、展览以及参加各种各样的体育活动、健身俱乐部等参与型消费支出。随着人们对身体健康的重视，体育消费已成为人们日常生活消费的重要组成部分，主要是体育消费者在体育活动方面的个人支出。

根据体育消费的定义，体育消费可分为广义的体育消费和狭义的体育消费。广义的体育消费主要指消费者通过支付的方式直接或者间接参与与体育相关的一切消费行为，消费者通过支付购买获得一定的价值和使用价值，比如消费者在网上购买体育用品，需要支付的邮费；消费者为了去观看比赛而要支付的路费等。狭义的体育消费主要指直接从事体育活动的个人消费行为，比如，为自己购买健身器材、参加健身活动等所要支付的费用。

高校大学生是一个庞大的消费群体，大学生在体育方面的消费，也是推动高校体育经济发展的一个重要因素，其必将成为未来体育消费的主流。因此，大学生的体育消费会影响社会大众的消费方向，也将直接影响体育产业化和市场化的进程。

（二）体育消费的分类

在市场经济环境下，根据体育消费的概念，体育消费有很多种分类，通过对体育消费的种类进行了解，可以有效而及时地掌握体育消费市场，从而促进体育经济的发展。

1．根据体育消费资料的自然属性分类

（1）服务型体育消费。服务型体育消费，顾名思义，主要体现在服务上。这种消费并不仅仅局限于购买具体的物品，而是购买一种体验、一种活动或一种服务。在体育产业中，这种服务型消费具有特殊的地位。它是由体育产业部门专门提供的，以流动形态存在的体育消费资料。简单来说，消费者支付费用，享受的并非一个固定的产品，而是一系列的服务活动。这些服务活动形式多样，内容丰富。例如，健康咨询就是其中之一。在现代社会，随着人们对健康的重视程度日益提高，越来越多的人愿意为专业的健康咨询买单。这种咨询可能涉及运动营养、训练建议、伤后康复等多个方面，旨在为消费者提供更加科学、合理的运动与健康指导。

此外，体育表演和体育比赛也是服务型体育消费的重要组成部分。消费者通过购买门票，可以现场观看各种精彩的体育比赛和表演，感受那种紧张刺激的氛围，体验运动带来的激情和魅力。这种消费不仅仅是观看一场比赛那么简单，更多的是购买了一种情感体验和精神享受。

（2）实物型体育消费。与服务型体育消费不同，实物型体育消费更侧重于具体的、有形的体育用品。这种消费主要涉及与体育产业相关的企业所生产的各种实物产品。这些产品广泛应用于人们的日常体育活动中，为消费者提供了实实在在的便利和乐趣。例如，运动器材就是实物型体育消费的一大类。无论是羽毛球拍、乒乓球拍，还是跑步机、哑铃等健身器材，都是消费者在日常生活中进行体育锻炼所不可或缺的。这些器材的质量和性能直接影响到锻炼效果和用户体验，因此，消费者在选择时会非常注重品牌和质量。除了运动器材，运动食品也是实物型体育消费的重要组成部分。这些食品通常富含营养，旨在为运动员或经常进行体育锻炼的人提供足够的能量和营养支持。

比如，蛋白粉、维生素C片、运动饮料等都属于这一类。当然，运动服装和体育图书等也是实物型体育消费的重要内容。运动服装不仅要时尚美观，还要具有良好的透气性和舒适性，以满足运动时的特殊需求。而体育图书则可以为消费者提供丰富的体育知识和信息，帮助他们更好地了解和参与体育活动。

服务型体育消费和实物型体育消费各有特点和优势，它们共同构成了体育消费的两大支柱，为人们提供了多元化、个性化的体育消费选择。

2．根据体育消费者通过消费对象获得的不同价值分类

（1）参与型体育消费。参与型体育消费的消费模式并不仅仅局限于物质层面的交换，更多地体现在对体育服务、体验和活动的获取与享受上。具体来说，参与型体育消费涵盖诸如参加各类体育活动、健美训练以及健康咨询等多元化服务，而消费者为这些服务所支付的费用，即构成了参与型体育消费的核心内容。这种消费模式的特点在于，消费者支付的不仅仅是商品或服务的费用，更是一种体验、一种健康投资的费用。在参与型体育消费中，消费者直接参与了体育服务消费过程，他们在参与中直接消费了相关部门所提供的服务。例如，参加体育活动时，消费者享受了活动组织、场地设施以及活动氛围等服务；在进行健美训练时，他们消费了教练的指导、训练设备的使用以及训练计划的制订等服务；在寻求健康咨询时，他们则消费了专业人士的知识、经验和建议。

（2）实物型体育消费。实物型体育消费涉及的产品种类繁多，从运动器材、运动服装到运动饮料，再到各类体育报纸、杂志、图书和画册等，都是实物型体育消费的重要组成部分。实物型体育消费者实际上可以分为两大类。一类消费者主要是为了直接参与体育活动而购买相关的体育实物。他们可能是运动爱好者或者是专业的运动员，需要购买如运动器材、运动服装等必需品来保证自己的体育活动能够顺利进行。对于这部分消费者来说，他们购买的体育实物不仅具有使用价

值，更承载了他们对体育活动的热爱和追求。另一类实物型体育消费者则并不直接参与体育活动，但他们同样对体育有着浓厚的兴趣。这部分消费者购买体育实物更多是为了增加对体育的了解，他们可能会订阅各种体育报纸杂志，以获取最新的体育资讯和动态。同时，他们也可能为了显示自己对体育的偏爱而购买各种体育纪念品或收藏品。虽然这部分消费者不直接参与体育活动，但他们对体育的关注和热情无疑也为体育产业带来了巨大的市场潜力。

（3）观赏型体育消费。观赏型体育消费，顾名思义，主要是指人们通过购买门票或其他入场券的方式，进入各种体育比赛现场或其他体育活动场所，以观赏的形式来满足视觉上的享受和精神上的愉悦。这种消费模式不仅局限于现场观看比赛，还包括了欣赏与体育相关的影视录像、展览等多种活动。在现代社会，随着人们生活水平的提高和休闲娱乐方式的多样化，观赏型体育消费逐渐成为一种流行的休闲方式。人们愿意花费一定的金钱来购买门票，进入热血沸腾的赛场，亲身感受那激动人心的比赛氛围。无论是足球、篮球、网球还是其他任何体育项目的比赛，现场观赏总能带给人们无与伦比的刺激和享受。观赏型体育消费还涵盖了观看与体育有关的影视录像。对于那些无法亲临现场或者想要重温精彩瞬间的观众来说，这是一种极佳的替代方式。他们可以在家中或影院里，通过大屏幕欣赏到运动员们的精湛技艺和激烈对抗，同样也能感受到体育比赛的魅力和激情。除了现场观赛和影视录像观赏，体育展览也是观赏型体育消费的重要组成部分。这些展览通常会展出各种珍贵的体育文物、历史资料和精彩瞬间，让参展者能够更深入地了解体育的发展历程和文化内涵。通过观赏这些展览，人们不仅可以增长知识，还能在视觉上得到极大的满足。

在市场经济环境下，人们现实的消费行为方式有很多种类型，这些体育消费的类型往往交织在一起，很难划分开。但是在一定的特殊情况下，从某一种特定的角度划分，还是可以把体育消费分为很多类型的。

二、体育消费的特征和作用

（一）体育消费的特征

近年来，人们的健康意识不断提高，人们参与体育运动的热情高涨，推动体育消费市场蓬勃发展，体育消费作为居民生活服务消费的重要组成部分，成为消费新的增长点。当前，体育消费呈现出很多不同的特征。

1．体育消费者需求的多样化

在市场经济环境下，体育消费者呈现多样化的体育消费需求，从现在的市场情况来看，大致可以把体育消费者的需求分为以下三类。

（1）稳定型消费：这种类型的消费者已将体育消费内化为其生活方式的一部分，体育开支成为其家庭预算的固定组成部分，独立于其他消费决策之外，显示了体育消费习惯的稳定性。

（2）规律型消费：这种类型的消费者尽管尚未形成每日体育锻炼的习惯，但他们能够维持周期性的体育消费，体现出一定的规律性，比如周末定期参加体育活动或购买季票。

（3）随意型消费：这种类型的消费者的行为更加自由灵活，体育消费行为受个人即时需求、兴趣或情绪驱动，缺乏固定模式，反映出体育消费的即兴和个性化特征。

2．体育消费水平的多层次

当前，随着我国经济的持续发展和人均收入水平的稳步提升，人们的生活质量得到了显著提高。然而，这种进步并非均衡的，收入差距的扩大趋势也逐渐显现出来。这种收入差距不仅影响了人们的日常生活水平，更在体育消费方面体现出了显著的差异。由于家庭收入的差距，不同家庭在体育消费上的投入和能力自然也大相径庭。一些家庭由于经济条件相对较好，因此在体育消费上有更大的自由度和选择空间；而另一些家庭则可能因为收入有限，只能在体育消费上做出更多的权衡和取舍。这种消费能力的差异，使得我国的体育消费市场呈现出了多层次、多元化的特点。

从体育消费者的支出来看，我们可以将体育消费大致分为两大类。一类是追求实用型的体育消费。这类消费者往往收入相对较低，他们在体育消费上的需求很简单，更注重性价比。在购买体育用品或参与体育活动时，他们更倾向于选择那些价格适中、性能稳定、能够满足基本需求的产品或服务。对于他们来说，“物美价廉”是选择体育消费的重要标准。另一类则是讲究品牌的体育消费。这类消费者通常收入较高，有更强的消费能力和购买意愿。在购买体育用品时，他们更看重品牌的价值和影响力，认为知名品牌的产品往往意味着更高的质量、更好的舒适度和更独特的品位。对于他们来说，体育消费不仅仅是为了满足基本的需求，更是一种享受生活和展示自我个性的方式。因此，他们更认同知名品牌，以此来提升自己的生活品质和社交形象。

3．体育消费方式的选择性强

由于我国的体育消费者之间存在着收入水平和文化程度的个体差异，这使得每个人对于体育消费的需求和偏好都各有不同。同时，随着市场经济的快速发展，可供体育消费者选择的体育消费方式也日益多样化，为消费者提供了更广阔的选择空间。现在，体育消费者可以根据自己的兴趣爱好和经济实力，在多种锻炼方式中自由选择。例如，有的人可能更喜欢在家庭的舒适环境中进行锻炼，他们可以选择购买家用健身器材，或者通过在线健身课程进行锻炼，这样既方便又私密。有的人则可能倾向于参加健身俱乐部，享受专业的健身指导和完善的设施服务，同时也能与其他健身爱好者交流互动。还有一些人热爱户外运动，他们可能会选择自然锻炼的方式，如徒步、骑行等，既能锻炼身体又能享受大自然的美丽风光。当然，也有很多人喜欢在体育馆等专业场所进行锻炼，以追求更高的运动效果和体验。然而，不论体育消费者选择哪一种锻炼方式，都需要有一定的经济基础作为支撑。因为无论是购买健身器材、支付健身课程费用，还是加入健身俱乐部或租赁体育馆场地，都需要消费者承担一定的费用。因此，经济实力在很大程度上决定了体育消费者的选择范围和锻炼方式。

4．体育消费的需求性弱

相较于基本生活需求，如食物、衣物和住所等，体育消费的需求性显然处于一个相对较弱的位置。这是因为体育并不是维持生命存续的必需品，它不像食物那样是每日必需的，也不像医疗那样关乎生死，更不像教育那样对未来有着深远的影响。因此，在人类的需求层次中，体育消费往往被排在了一个相对次要的位置。当然，这并不意味着体育消费不重要。事实上，随着社会的发展和人们生活水平的提高，健康意识逐渐深入人心，体育消费在提升生活质量和幸福感方面的作用也日益凸显。过去，人们可能更多地关注于满足基本生活需求，而现在，越来越多的人开始重视身心健康，愿意投入更多的时间和金钱来进行体育锻炼和健身活动。这种转变的背后，是人们对生活质量追求的升级。在满足了基本生活需求之后，人们开始追求更高层次的需求，如身心健康、精神愉悦等。而体育消费正是满足这些高层次需求的重要途径之一。通过参与体育活动，人们不仅能够锻炼身体、增强体质，还能在运动中感受到快乐、释放压力，从而提升生活质量和幸福感。

5．体育消费水平具有差异性

受到经济发展水平的影响，体育消费水平具有差异性。一般来说，我国沿海地区经济发达，人们收入水平高，体育消费的水平相对较高。但在一些农村地区和偏远地区，体育消费几乎一片空白。即使是在同一地区，也存在着体育消费水平的差异，经济收入水平高的体育消费者，其在体育方面的消费较高，而经济收入水平低的体育消费者，其在体育方面的消费会较低一些。

（二）体育消费的作用

体育消费作为一种健康投资行为，必然能够给体育消费者带来一定的消费效益。因此，体育消费的效益是指人们购买一定的体育实物消费资料并且通过使用它而实际得到的体育消费需求的满足程度。体育消费的效益一般主要从两方面考察：经济效益的角度和社会效益的角度。在很多场合，体育消费的经济效益和社会效益是相互联系的，很难把两者区分开来，因此，通常把它们归结为社会经济效益。体育消费的社会经济效益主要有以下三个方面：

1．体育消费有助于提高人们的身体素质

体育消费不仅关乎个人的身心健康，更在宏观层面对整个社会的劳动生产率和人们的全面发展产生深远影响。通过体育消费，人们投入各类体育活动和健身锻炼中，这些活动直接促进了身体的强健和劳动素质的提升。经常参与体育锻炼的人，其体能、耐力和反应速度等身体指标都会得到显著提高，这使得他们在日常工作中能够更高效地应对各种挑战，减少因身体疲劳而导致的错误和事故。此外，体育消费还间接促进了智力的开发。科学研究已经证明，适度的体育活动能够刺激大脑活动，提高思维敏捷性和创新能力。这意味着，那些重视体育消费的人，在解决问题、制定策略等方面可能更加得心应手，从而在工作中展现出更高的智力水平。

体育消费在预防疾病和职业病方面发挥着不可替代的作用。许多职业病，如颈椎病、腰椎病等，都与长时间保持同一姿势工作有关。而定期的体育活动和锻炼能够有效缓解这些压力，预防这些疾病的发生。

2．体育消费有助于体育馆的开发和利用

体育消费的重要性不仅体现在个人层面，更在推动体育馆设施向社会开放、促进其发展方面具有显著作用。随着社会大众对体育活动的热爱和参与度不断提升，体育馆作为体育活动的重要场所，其开放程度和使用效率直接关系到体育消费的质量和广度。

体育消费的增长推动了体育馆设施更加开放和包容。为了满足不同消费者的需求，体育馆必须提供更加多样化、专业化的服务。这不仅包括设施设备的更新升级，更涵盖了运营理念和服务模式的创新。通过向社会开放，体育馆能够吸引更多的人群前来消费，从而形成良性循环，推动体育馆的持续发展。

体育消费为体育馆带来了可观的经济收入。随着越来越多的人愿意为体育活动买单，体育馆的门票收入、场地租赁收入以及相关商品销售收入等都会相应增加。这些收入不仅为体育馆的日常运营提供了资金保障，更为其进一步改善设施、提升服务质量奠定了物质基础。

体育消费的提高还能有效提升体育馆的使用效率和社会效益。当体育馆设施得到充分利用时，其社会效益也会最大化。这不仅避免了资源的闲置浪费，更让体育馆成为了促进社区健康、增强社会凝聚力的重要平台。人们在体育馆中锻炼身体、交流技艺、增进友谊，这些活动都在无形中提升了体育馆的社会价值。

3．体育消费有助于人们精神意志的培养

体育消费不仅关乎身体健康，更在精神和心理层面为人们带来深远的影响。在当今快节奏、高压力的社会环境中，体育消费成为了一种重要的压力和情绪释放途径。通过参与体育活动，人们可以暂时抛开生活的烦恼，全身心投入运动中，感受运动带来的快乐和成就感。这种体验不仅陶冶了人的情操，更激发了人们的进取精神和拼搏精神。在运动中，每个人都可能面临挑战和困难，但正是这些挑战，激发了人们不断进取、勇往直前的决心。无论是独自挑战自我，还是与他人竞技，体育消费都为人们提供了一个展示自我、证明自己的舞台。同时，体育消费也培养了人们的竞争意识和团队合作精神。在竞技场上，每个人都要面对竞争，这种竞争不仅是体能的较量，更是智力和策略的对抗。而团队合作则要求每个成员放下个人英雄主义，学会倾听、协作和信任。这样的经历对于人们的全面发展至关重要，它不仅锻炼了身体，更在心理和社交层面为人们带来了宝贵的成长。

三、体育消费水平的衡量

（一）体育消费水平的概念

体育消费水平是指按照人均体育实物消费资料及体育服务消费资

料的消费数量，可以用货币单位表示。体育消费的水平反映了一定时期内人们对体育消费品的实际需要程度，简单地说是反映了人们实际的体育消费品数量的多少和质量的高低。一般情况下，体育消费水平的高低直接反映出一定时期内社会生产力和社会经济的发展程度，也反映出一定时期内人们对于体育消费观念的增强状况，同时反映了社会经济文化建设的发展状况。

根据体育消费水平的概念可以看出，体育消费水平越高，则体育消费在日常生活消费中所占的比重越大。因此，可以通过对体育消费水平的研究，了解不同层次的体育消费需求以及体育消费的状况。所以，体育市场的开发应根据体育消费水平的不同，适时地开发并生产不同类型、不同价格的体育消费品，才能满足不同层次的体育消费需求。

（二）体育消费水平的衡量标准

1. 体育消费价值总量

体育消费价值总量是一个综合性的衡量指标，它是指消费者在一定时期用于体育消费方面开支的货币总量，它反映了一定时期整个社会体育消费水平的高低。

2. 体育实物消费资料的消费总量

体育实物消费资料的消费总量，主要指在一定时期内社会所生产的用于体育实物消费资料中已经被体育消费者购买的那部分体育消费资料总量。通常有以下两种表示方法：

第一，用体育消费者消费掉的那部分体育资料的产品数量来表示。也就是已经被体育消费者购买并且正在使用的体育实物消费资料的总数量。

第二，用价值单位来表示。由于平常体育消费者所购买的体育实物消费资料的物理性、形态、价值量等属性不同，难以对其作出正确的评价和计算。所以，对体育实物消费资料消费总量的统计都是以货币单位表示的。

体育实物消费资料的消费总量指标，一方面反映了一定时期内与体育消费产品有关的产业生产供给情况，另一方面反映了社会体育消费者对体育实物消费资料的有效需求状况。

3．体育服务消费资料的消费总量

体育服务消费资料的消费总量，是指在一定时期内社会所提供的体育服务消费资料中已被体育消费者所购买的那部分价值量。在我国社会主义市场经济条件下，体育服务消费的资料越来越多地以商品的形式出现，因此，这种体育服务消费资料的消费数量可以用货币单位表示。通常情况下，这一指标能大体反映出社会体育服务消费资料的市场供需状况，同时也能反映体育产业部门的生产状况及大众体育的普及程度。

4．闲暇时间体育消费的时间总量

闲暇时间体育消费的时间总量，是指除了正常的日常工作、满足基本生理需要、必要的家务劳动以及照料和教育后代等的时间之外，可供个人自由支配的用于休息、娱乐、交际等活动的时间。社会所拥有的闲暇时间总量归根结底取决于社会生产力的发展水平。一般来说，社会科学技术的进步、生产力的发展和人们闲暇时间的增加是成一定比例的。人们有了一定的闲暇时间，才能参加体育锻炼活动，时间是参加体育活动的前提，也是人们参与体育消费的重要条件。因此，闲暇时间里用于体育消费的时间总量是衡量社会体育消费水平的重要标志。

第三节　高校体育的市场化发展

一、体育与经济的关系

体育与经济是现代社会发展的两大主要因素，体育关乎社会主义精神文明建设，经济的发展关乎社会主义物质文明的建设。所以，体育和经济之间既有外部联系，又有相互交叉的内部联系。体育和经济的外部联系主要表现为两方面：第一，经济是体育生产和发展的基础，体育是社会经济发展到一定阶段才产生的，体育是随着经济的发展而发展的，经济水平发展的高低影响着体育水平发展的高低，体育事业发展水平的高低反映了社会经济发展的状况和水平。第二，体育事业对经济发展具有反作用，这是影响经济发展的一个重要因素。体育和经济的内部联系，是指体育和经济之间存在着相互交叉、相互渗透的关系。

（一）经济是体育发展的基础

体育和经济之间存在紧密的关系，而且体育在一定程度上反映了经济水平的发展情况。体育的发展需要有良好的体育基础设施，没有体育基础设施，就没有地方可以锻炼，所以，体育的发展依赖于经济的发展，只有经济发展水平提高了，投入体育基础建设的资金才会更多。同时，体育的发展对经济的发展又起着促进和推动作用。如何处理好体育和经济发展的关系，已成为我国体育事业发展的重要问题。

1. 经济为体育发展提供了物质基础

体育活动对于人类劳动者来说是基本的实践活动，通过体育活动，人类可以获得较好的身体素质，从而进行生产活动。体育事业的发展是以社会物质资料发展水平为基础的。经济是体育发展的基础，经济为当代体育发展提供基本的资金支持和物质保障。从社会发展来看，只有经济水平达到一定阶段，人们解决自身的温饱问题后，才会从事体育锻炼，体育事业才能够发展起来。如果没有经济为体育提供必要的资金支持和物质条件，那么，体育的发展是不可能成为现实的。

体育是社会主义精神文明建设的重要组成部分，是社会主义物质文明和精神文明共同发展的产物。体育事业的发展要有一些体育基础设施，还要有体育产品的投入，而这些都需要一定的资金支撑。随着社会的进步和经济的发展，人们物质生活水平的提高，对精神生活的需求越来越引起人们的重视。体育事业属于社会文化的范畴，所以，体育事业的发展也是精神文明建设的产物。当前或者是相当长的一个时期里，我国物质文明建设和精神文明建设是相辅相成、共同发展的。并且社会发展的历史规律表明，物质文明建设对精神文明建设具有决定性的作用。体育运动产生于生产劳动，并随着生产力的发展而发展。在社会主义市场经济体制下，经济的发展给体育的发展提供了必要的物质保障，是体育发展的基础。

2．经济实力的高低决定了体育发展水平的高低

物质资料的生产活动是人类劳动者最基本的实践活动，是人类社会存在和发展的基础，也是人类社会进行政治、艺术、教育等活动的基础。体育作为人类精神文明建设的重要组成部分，是社会物质文明和精神文明发展的产物，体育事业的发展以社会物质文明的发展为基础。

体育事业的发展规模和水平取决于社会生产的发展水平，也取决于社会经济的发展，其能给体育事业的发展提供不少的活动经费；还取决于社会经济条件所决定的社会体育消费者对体育的需求性质和需求程度。

社会经济的发展，不仅能够给体育的发展提供更多的物质条件，而且能够创造出社会对体育的新需求，促进体育事业向前发展与体育事业的规模进一步扩大。因此，在经济发展的基础上，体育运动项目有了全新的发展。

在科技快速发展的今天，新的科学技术和物质手段不断被运用到体育运动与教学训练中。体育运动物质手段的发展必然能够给运动技术和体育训练带来新的变化。而且随着科学技术的进步和生产的现代化，人们的生活水平不断提高，人们对体育活动提出了新的要求，同时也为实现这种需求创造了一定的条件，于是其他一些新的体育项目，例如娱乐性体育项目、健身俱乐部体育项目等体育活动都得到了一定的发展。

（二）体育对经济发展的推动作用

体育是社会文化事业发展的重要组成部分，同时也是经济发展的重要组成部分。因为在整个社会经济中，体育具有双向性特征，它既可以带来经济效益，又能促进社会消费，还能推动文化事业的发展。在市场经济环境下，我国的体育事业正在快速发展，体育的潜在价值也正在被不断地挖掘出来，拥有很大的潜在市场。体育的发展不仅能够促进国民身体素质的提高，也能够推动我国经济的进一步发展。

1．体育竞赛能够拉动经济的发展

在当前市场经济环境下，无论是体育赛事，还是体育职业或与体育产业相关的体育产品，它们都或多或少地与市场经济联系在一起。特别是现代的国际大型体育赛事都离不开经济的支持，同时体育赛事也能促进经济的发展。例如，1984 年的美国洛杉矶奥运会，首次采用民办的方式举办，国家通过出售电视广播的转播权、赞助券以及发行纪念币等形式，获取一定的经济效益；1988 年韩国汉城奥运会也是通过社会企业的赞助、出售电视转播权等方式盈利。一般在举办大型的国际体育赛事时，除了建设体育赛事必要的基础设施、体育场馆、运动员宿舍以外，还需要有运动服装、运动饮料等一些服务用品，人们在体育赛事中消费各种物质产品的同时，也促进了建筑、服务等行业的发展。

同时，通过体育赛事的联动效应，也促进了体育旅游、电视媒体、传统纸媒等相关产业的发展。体育在第三产业中占据着重要的地位，其本身蕴藏着巨大的经济价值，应利用体育赛事推动国民经济的增长。

2．体育的发展带来新的就业机会

社会的生产是由劳动者创造的，因此社会经济的发展离不开广大人民群众的生产劳动。由于我国经济落后，人口众多，所需要的工作岗位供不应求，社会发展的经济结构也比较单一，使得我国长期处于就业压力比较大的状态。随着科学技术的进步，一些工厂不再需要大量的工人，导致一部分人再次失业，成为社会闲置劳动力。这些失业人员如果不能走向工作岗位，不仅不能为国家的经济发展做出贡献，也不能促进我国市场经济的繁荣发展，同时还可能不利于社会的稳定。

体育之所以属于第三产业，最主要的原因是其具有服务的性质。体育相对于第一产业和第二产业来说，其发展壮大不仅能够为社会提供新的就业机会，还能为失业人员提供就业平台，使得失业人员能够参加生产劳动，实现自身的价值，为我国社会的和谐发展和经济的繁荣做出贡献。

此外，体育事业的发展规模不断壮大，能促进社会其他相关行业的发展，并且开拓出更多的新业务，既能够使社会获得长期稳定的发展，也能为市场经济的繁荣奠定一定的基础。从某种程度上来说，体育事业的发展壮大能够最大程度地吸纳社会失业人员再一次参与社会生产劳动，从而产生更大的经济效益和社会效益。

3．体育的发展有助于提高人民身体素质

国务院 1996 发布的《全民健身计划纲要》的贯彻落实，使得我国体育运动具有一定的社会性和群众性，全民健身的观念也逐渐被广大群众所认识，健身成为人们日常生活中的一部分。体育锻炼的目的是以改善人们的身体素质为出发点，体育消费者通过体育锻炼来改善和保证自己的身体健康，有了健康的身体素质，才能更好地进行生产劳动。所以，体育事业的发展有利于提高社会广大人民群众的身体素质。

当代体育事业的快速发展极大地促进了劳动者身体素质、精神面貌以及心理承受能力等方面的提高。身体素质的发展使得劳动者以更大的热情参与到社会生产劳动中，并且对劳动者提高工作效率有极大的促进作用。而这一切最终会推动国民经济的发展。

二、高校体育的市场化发展

在市场经济环境下，我国的体育产业蓬勃发展，竞技体育和群众体育得到了很大的发展，而且呈现上升的趋势。高校体育作为体育产业的一个重要组成部分，相对于体育产业的其他体育，在产业化道路上起步比较晚，发展落后，而且发展的速度也非常缓慢。在当前的市场经济环境下，高校体育产业走市场经济的道路是必要的，高校的教育建设经费来源于国家的财政支出，但国家的财政支出又很有限。所以，高校只有通过走市场经济的道路，发展高校体育经济产业，才能够为学校的建设获取物质上的保障，并且为高校的体育事业注入新的活力，带来新的发展理念。

高校体育产业的发展不仅能够为高校自身的发展带来利益，同时也能给社会体育产业的发展提供帮助。我国高校众多，并且每个学校的性质和实际情况都不相同，各个高校的体育产业发展水平也参差不齐。所以高校体育产业的发展要结合自己学校的实际情况，制定合理有效的发展方式，根据学校资源的优势和当地的社会经济发展状况，积极开发相关市场，形成有特色的高校体育产业。

（一）我国高校体育市场发展的现状

随着市场经济的发展以及经济制度的不断完善，高校体育市场也在不断地发展，但是发展的速度十分缓慢。目前，我国高校体育市场的发展现状存在着多方面的问题，解决这些问题有助于高校体育市场更好地发展。

1．高校体育市场化整体现状不佳

我国的体育产业目前正在蓬勃发展，但是高校体育市场化的发展还处在萌芽阶段，使得高校丰富的体育资源没有很好地利用起来，并且也没有转化为经济效益，为高校的体育建设发展做出贡献。当前，我国许多高校的体育活动通过寻求企业赞助，采用冠名、促销、宣传等方式开始有意识地引进市场。但是学校体育活动是以教学为目的的，从来没有进行过市场活动的行为，因此高校缺乏操作市场的理论和实践指导，融资手段单一，操作方法不完善，使得高校体育市场的发展影响力不大，对社会投资者的吸引力也小，降低了投资者的参与热情。我们应该认识到，高校体育具有极大的市场潜力。同时，高校还拥有大量的人力资源，这些都还有待于进一步开发和利用。

2．高校体育经济发展模式落后

我国的高校属于公共事业单位，与社会上的一些企业不同，不是以营利性为目的的，高校建设的资金来源主要是国家财政拨款。因此，根据高校的性质，就可以看出高校体育经济的发展是很落后的，高校相对于社会一些企业单位，在经济发展上是封闭的。高校过去只重视教学任务，没有意识到体育经济发展的重要性。所以，高校体育经济产业的发展缺少与社会企业单位的交流合作，使得高校体育市场发展模式单一，管理落后。高校没有把自身丰富的资源充分利用起来形成一定规模，这挫伤了高校体育教师开发体育市场的积极性。高校体育馆组织的有偿体育培训班和健身锻炼，在服务内容上单一，规模较小，短期内很难取得成效。综上所述，高校体育建设的发展模式不能适应市场经济发展需要，使得高校没有获得应有的经济效益，影响了高校的体育建设。

3．高校体育经济发展观念落后

许多人认为高校体育只是高等教育的一个附属品，高校体育存在的意义仅仅局限于为教育教学服务，即主要是完成培养教育目标的最高使命，而不以营利为目标。所以高校想依靠国家的财政拨款完成建设和发展是不可能的，而高校通过市场从社会获取资金又很困难，因为陈旧落后的观念阻碍了高校体育经济发展观念的市场化，使得高校体育的发展长期处于落后状态。在市场经济环境下，市场经济强调竞争和市场机制在资源配置中的作用。然而，我国的高校体育产权归学校所有，并不归个人所有，因此不能真正实现自我经营、自负盈亏。

4．高校体育经济发展资金不够

由于过去我国整体经济发展模式比较单一，没有形成多元化，对于第三产业的发展不够重视，使得高校体育产业在教育中的地位没有被充分重视。高校在学校建设方面的资金投入多以校区面积、教学楼、学生宿舍为主，对于体育方面的投入相对较少，严重阻碍了高校体育经济的发展。

5．高校体育经济发展缺少开发市场的人才

虽然高校是培养人才的地方，在高校中聚集了一批集学历、教学、科研、职称于一身的体育人才，但是缺少既懂体育又懂市场经济和管理的人才，不能满足高校体育市场化的人力资源需求，这一因素是影响高校体育经济发展的一个重要因素。

6．高校体育没有特色的体育品牌项目

目前，我国的高校体育项目除教学科目以外，学校的竞赛项目与国际大赛的项目基本上一样。学校没有形成自己的体育品牌优势，也没有发挥其地域性特色和高校自身的特色，这些使得高校体育有的比赛项目发展得很好，有的比赛项目发展得比较落后。同时学校领导没有充分意识到体育品牌的重要性，这些都制约了高校体育的市场化。

（二）我国高校体育市场化的基本特征分析

1．业余性经营特征

高校在进行体育市场化发展的过程中具有业余性经营的特征。高校主要以教学为目的，高校修建体育馆的目的是为学校体育教学提供条件，所以，高校首先要做的是提高教学质量，满足大学生的学习需求。高校体育市场化的经营活动，必须在能够充分保证高校体育各项教学任务顺利进行的前提下，在空余时间利用高校体育场地进行经营活动。因此，高校体育在市场化的进程中，不能主次颠倒违背高校的发展宗旨。但是，除了在正常教学之外，高校体育馆很多时间都闲置着，在过去的高校发展中，没有得到很好的利用。高校体育馆的市场化，就是要充分挖掘体育馆的资源潜力，提高高校体育馆的利用率，达到高校体育馆的综合效益目的。

2．消费对象稳定性特征

体育消费对象的多少直接影响到体育市场的建立与发展，高校作为一个社会性公共事业单位，一般情况下是非常稳定的，所以高校拥有非常稳定的体育消费对象。高校体育产业的消费对象一般以大学生为主，还有学校周边的一些群众。目前，随着高校的对外开放，社会群体也纷纷到高校中进行体育锻炼。因此，群众的体育消费受到大学生体育消费的影响。所以，高校的体育消费对象拥有庞大的消费群体并且相对稳定。高校完善的体育设施向社会开放，为高校体育市场的形成创造了良好的条件。

3．灵活性特征

高校拥有雄厚的体育师资力量，同时，高校拥有完善的体育设施和训练场地，并且有一批高水平的裁判队伍。这些丰富的资源为高校体育的市场化发展提供了灵活宽松的条件。目前，随着经济的发展，生活压力的加大，身体健康水平下降，人们对体育锻炼的需求越来越重视，这为我国的体育产品创造了广阔的市场空间。并且，高校体育市场基本能够满足消费者的需求。高校还可以依据市场的需求，结合自身的特点，开发适销对路的产品，不断扩大并完善高校体育市场化的发展道路。

4．商业性特征

高校体育市场的开发是我国市场经济发展到一定阶段的必然要求。我国高校数量众多，在校的学生人数也多，拥有庞大的消费市场，所以我国体育产业的发展离不开高校体育产业的支持。根据当前我国的经济发展状况以及高校的建设情况，我国高校体育发展到一定阶段，会显现出不同程度的商品性特征。

首先，随着我国高校体育市场的不断发展，社会群体对体育市场的需求增加，未来我国高校体育市场的消费对象也一定会发生变化，大学生消费的比例会有所下降，社会群体消费的比例将有所上升。

其次，随着人们生活水平的不断提高，高校带福利性的体育已经不能满足人们对体育运动的消费需求。

最后，从市场经济发展的必然规律看，商品性特征是市场经济最主要的表现。所以，高校体育市场应该具备商品性特征，有商品性特征是高校体育市场发展成熟的标志。

通过以上分析可以看出，我国高校体育市场与其他社会经济市场是不同的。从经济学的理论和现代市场营销的角度来看，它的商品性特征有利于高校体育市场的开发。作为高校体育市场开发的有利因素，社会消费环境有利于高校体育产业的发展。

（三）我国高校体育市场化的可行性和必要性

我国经济以惊人的速度增长，如今已成为世界第二大经济体。在这波澜壮阔的经济发展大潮中，体育产业如一颗璀璨的新星，正以其独特的魅力吸引着越来越多的目光和投资。体育产业不仅成为了推动经济增长的重要力量，更在人们追求健康、高品质生活的当下，显得尤为重要。

高校体育，作为体育产业的一个重要组成部分，其市场化进程也日渐成为人们关注的焦点。面对市场经济的迅猛发展和人们健康观念的转变，高校体育市场化的可行性与必要性越发凸显。

1．市场经济的快速发展

随着市场经济的发展，体育产业在不断地快速发展，成为各产业经济发展中的朝阳产业。作为体育产业中不可缺少的重要组成部分的高校体育产业，要想获得自身的发展，必须依靠市场。所以高校体育要抓住这一机遇，顺应历史潮流，改变过去传统的发展模式，与市场接轨，从市场中获得经济效益，使高校的建设得到长远的发展。

2．人们对身体健康的重视程度加强

在经济快速发展、物质水平不断提高的今天，由于长时间的工作、生活的步伐加快以及心理压力增大，人们的身体健康水平呈现下降的趋势。因此，人们在物质生活提高的同时，对身体健康越来越重视。越来越多的人通过各种体育运动增强体质，从而缓解心理压力。但是，目前社会的公共体育运动基础设施不健全，很难满足体育消费者的需求。所以高校要抓住社会体育设施不完善这一缺点，通过自身的有利条件，引入市场机制，向产业化过渡，大胆地进入市场，为高校的长远发展做准备。

3．高校丰富的资源优势

高校相对于其他公共事业单位，拥有丰富的资源优势，不仅体现在消费者的数量上，还体现在人才储备上。高校是向社会培养、输送人才的基地，所以高校的体育运动在教学、训练、科研等方面具有很强的优势。如果能把这些优势充分发挥出来，高校的市场化将会得到充足的发展。高校在体育建设方面也有很大的优势，不仅体现在项目的完整上，也体现在基础设施建设的完备上，这些优势是其他公共事业单位所不具有的。因此，这些优势为高校体育产业市场化的发展提供了稳固的保障。

4．市场化能够解决高校经费不足的问题

高校属于社会公共事业单位，建设费用依靠国家的财政拨款。随着我国高校的快速发展与数量的增加，国家在教育方面的经费投入一直不足，从而使得高校建设的发展举步维艰。由于资金短缺，一些体育教学的配套性设施不能够得到更新，以致影响到教学的质量。这种情况下，高校应自谋发展之路，积极寻找发展的空间，通过走市场化的道路，把社会的力量引入高校，让高校体育进入市场，使高校获得一定的经济效益。这样不仅能够减轻国家财政负担，也能够减轻学校的负担，还可以解决高校发展过程中遇到的资金不足问题，同时使得高校的资源能够得到合理的利用。

第五章　竞技体育与高校体育赛事的市场化

第一节　竞技体育产业发展及经营

一、竞技体育的分类与特点

所谓竞技体育，就是在人们从事体育活动的主体之间采用一种公开的、共同认可的方式和规范，以自身的运动为主要形式所进行的挑战极限、超越自我的社会竞争性活动。竞技体育也有其自身的历史记载和传说，它以打败对手来取得一定的利益目标，它是在正式组织起来的体育群体成员或者代表之间进行的，它强调的是一定要通过竞赛成绩来显示自己的能力，这种竞赛是在正式的规则限度之内进行的，这种规则对参加者的职责和位置必须做出明确的界定。

（一）竞技体育的分类

对于竞技体育的分类，我国众多体育专家都有各自独树一帜的见解。有从竞技体育活动项目的属性进行划分的，有从竞技体育活动动力的使用方式进行划分的，还有从竞技体育的社会意义进行划分的，以及从竞技体育运动竞赛的方式和依据竞技体育活动参加人数的多寡进行划分的，等等。目前比较流行的是以竞技体育活动项目的属性进行划分。

北京体育大学的田麦久教授在其著名的“项群训练理论”中，根据竞技运动项目的属性提出了分类的 7 个标准，并从参加竞技体育活动的运动员的竞技能力、运动项目的动作结构以及运动成绩的评定三个方面进行了科学的分析，提出了竞技运动项目的 3 种主要分类体系。

1．第一种分类体系

以运动项目所需运动能力的主导因素为依据，将竞技体育中所有的运动项目首先划分为体能主导类和技能主导类两大类。继而以各项体能和技能的主要表现形式或特征为二级分类标准，把体能主导类项目分为快速力量性、速度性、耐力性 3 个子类；把技能主导类分为表现唯美性、表现准确性、同场对抗性、隔网对抗性及格斗对抗性 5 个子类。

2．第二种分类体系

根据动作结构的组成形式，首先将所有竞技项目划分为单一动作结构、多元动作结构及多项组合结构 3 大类，然后以各类动作的组合形式为二级分类标准，将单一动作结构类再划分为非周期性、周期性及混合性 3 个子类，将多元动作结构再划分为固定组合和变异组合 2 个子类，将多项组合结构类再划分为同属多项组合和异属多项组合 2 个子类。

3．第三种分类体系

根据运动成绩的评定方法，将竞技体育运动项目划分为测量类、评分类、命中类、制胜类和得分类 5 大类。

（二）竞技体育的特点

竞技体育作为一种复杂、多元化的人类特殊的活动过程，必定具有鲜明而且独特的特点。对于其特点的表述，古今中外众说纷纭，不一而足，从其本质和表现形式来探究，则可归纳为以下几点：

1．拼搏的精神

竞技体育运动不仅追求勇于拼搏、超越自我的体育精神，也追求既定的功利目标。比赛一结束，组委会就会根据成绩向优胜者颁发代表名誉的奖章、锦旗和奖杯等，随之而来的是各机构给予的物质奖励和社会各界的广泛赞誉，获胜者往往是名誉、利益双丰收。这些做法是在爱国主义的前提下，对辛勤训练的教练员和运动员的肯定与奖励。

由于竞技体育的过程直接而迅速，产生的结果会很快给参与者带来巨大的影响，这种影响往往能够满足运动员或参赛团队强烈的成就感，而且丰盛的物质奖励也会给其极大的满足。这也会刺激运动员刻苦训练去争取更好的成绩，所以不可否认，竞技体育功利性的特点在一定程度上会促进竞技体育的发展。但不可本末倒置，将追求竞技体育的功利性作为唯一或者是首要的目标。

2．高度的认同

竞技体育的组织方式和内容得到了社会的认可。虽然参与运动竞争的人们来自不同国家、不同种族，也有着不同的历史文化背景，但竞技体育的内容和组成形式始终是来源于人们的生活，能够对人们产生不同的价值效应，所以竞技体育的组织方式和内容能够被人们接受，被社会认同。

竞技体育比赛过程中产生的竞赛结果被社会乃至全世界所承认。竞技比赛是在公正公开的条件下进行的，参赛运动员主动自愿地接受竞赛规则，所以竞赛的结果具有准确性和公平性，也被大众接受并认可，如各种级别的大小运动会、锦标赛、精英赛、公开赛以及奥运会等所产生的竞赛成绩会得到社会各界的广泛承认并被保留。

3．严明的规则

人们在社会生活中通过各种社会规范来调整和制约相互之间的关系与行为，这也成为控制和调节正常有序的社会生活的有效手段与方式。竞技比赛中也利用既定的体育规则来制约和调节参赛者的行为，如体育竞赛中不同级别的比赛有不同的规则，这些规则保障了参与竞争者有同等的资格、权利和机会。

竞赛规则明确规定了比赛结果的胜负标准和原则：哪些是被允许的行为，哪些是被禁止的行为，以及一旦违反规则将会受到怎样的惩处等。参赛运动员必须遵守竞赛规则和裁判的判罚。

只有参赛运动员都认真遵守并执行比赛的规则，比赛才会在一个公正公平的环境中进行，竞赛结果才会为大众所接受和信服，竞技体育才会对社会的发展起到积极的促进作用。

4．激烈的竞争

无论是自然界还是人类社会，竞争总是其不可避免的进化手段。自然界中生物在顺应大自然的变化之中不断地改变、进化，优胜劣汰，无法适应环境的则从此会在地球上消失。从远古时代到现代社会，从原始野蛮的打斗拼杀到文明时代的残酷战争再到现代社会的明争暗斗，人类无时无刻不处在激烈的竞争当中。

社会中的竞争是指人或各种团体，为了追求利益或目标而进行的一种较量。竞技体育中的竞争同样是为了争取某个目标。例如，比赛中的冠军打破运动纪录、战胜对手等。竞技体育中竞争的获胜者只能是一人或是一个团体，正是这种强烈的排他性使得竞技体育的竞争性尤为突出和鲜明。

为了唯一的优胜结果，参与竞争者将会更加积极刻苦努力地训练，不断提高自己的身体素质、运动技能和心理抗压等方面的能力，竞争性的不断加剧有助于人类竞技运动水平的不断提高。

二、竞技体育产业的发展模式

从经济体制的角度来看，竞技体育产业的发展模式可以分为两类，即市场主导型和政府参与型。这两种模式各有自己的特征。

（一）市场主导型模式

市场主导型是指竞技体育产业发展的原动力来自市场主体自身对商业利润的追求，以及不同市场主体间相互竞争所产生的压力和动力。通常来说，这种发展模式在原发的市场经济国家中较为常见，其中美国、英国是采用这种发展模式的国家中最为突出与典型的两个国家。

市场主导型发展模式具有如下几方面的特征：

第一，从政府在竞技体育产业发展过程中发挥的作用来看，采用市场主导型发展模式的国家，政府一般会对体育产业中各类市场主体实行“市场决定”的放任政策。

第二，从体育产业的组织架构来看，采用市场主导型发展模式的国家，其俱乐部体制和职业联盟体制往往都较为完善，并且面向市场的法人治理结构通常较为合理。

（二）政府参与型模式

政府对本国竞技体育产业的发展目标进行设定，并且利用多种手段对体育市场主体的组建和运作进行引导、调控和规范，这种发展模式即政府参与型模式。一般来说，韩国、日本、法国等后发市场经济国家会采用这种模式来发展竞技体育产业。

政府参与型发展模式的基本特征如下：

第一，从政府在体育产业发展过程中发挥的作用来看，政府通过多种手段来促进竞技体育产业的发展，并对其进行积极引导。

第二，从体育产业发展战略来看，后发的市场经济国家往往会以本国体育消费和体育市场的实际发育程度为依据来对体育产业的发展重点进行确定，以此来有计划、有步骤地推动本国竞技体育产业的发展。

第三，从体育中间媒介来看，体育中介机构发育程度较低，体育企业在业务拓展专业化的决策咨询服务方面较为欠缺，不同的体育市场主体在有效沟通手段方面也是较为欠缺的，体育产品和服务的创新以及营销手段的创新普遍不够。

第四，从发展的状态来看，非营利机构正在逐步向营利机构转变。

三、我国体育竞技产业发展中存在的问题

现阶段，我国竞技体育产业发展中面临的问题与瓶颈主要表现在以下四个方面：

（一）竞技体育产业结构的合理性有待提升

在发展较为成熟的竞技体育产业中，竞技体育竞赛产业往往处

于核心地位，比如欧美竞技体育产业中竞赛产业就是居于主导地位的，但是对于我国的竞技体育产业来说，由于其兴起的时间较晚，运作的规范性较为欠缺，尤其是市场开发价值较高的足球、篮球联赛，其竞技水平相对较低，从而对产业的进一步开发和发展造成了一定的限制。除此之外，在我国竞技体育产业中占据较大比重的往往是体育用品制造业，这就使体育产业结构的不合理性充分体现了出来，鉴于此，要求对竞技体育竞赛业进行有针对性的开发，从而使其在体育产业中的比重进一步增加。从某种意义上来说，这一举措与我国转变经济发展方式、优化经济结构、大力发展以服务业为主的第三产业的经济发展方针是相符的，因此，一定要将这方面的工作高度重视起来。

（二）地区间竞技体育产业的发展不均衡

地区经济发展的非均衡态势是影响各地竞技体育产业布局不均的决定性因素。在竞技体育用品制造业中，这一现象尤为显著，生产活动集中于东南沿海地带，福建等省份成为体育用品制造的重镇，众多知名企业汇聚于此，形成了产业集群。而在竞技体育赛事举办方面，一线城市如北京、上海、广州等凭借其经济实力、市场潜力及基础设施优势，更常成为高价值、高影响力的体育赛事首选举办地，这些情况进一步加剧了地区间体育资源分配的不平衡。

（三）行业垄断设置壁垒

当前，我国竞技体育产业在市场化进程中仍面临不少障碍，包括市场机制运行不够顺畅、行业垄断现象严重、地方保护主义盛行以及经营限制等问题。特别是在某些特定运动项目中，项目管理中心等带有行政色彩的机构常运用行政干预手段分割市场、实施垄断，为社会资本的进入设置了极高门槛，严重抑制了市场竞争和行业的多元化发展，构成了项目市场扩张的主要制约。

（四）出现严重的信任危机

竞技体育产业的核心目标在于挖掘并实现商业价值最大化，同时满足消费者的体育消费需求。服务是竞技体育的灵魂，唯有当消费者感受到产品或服务带来的价值与其需求完美匹配，产业才能实现真正的繁荣。遗憾的是，当前我国竞技体育市场面临着严重的信任危机，品牌形象受损，消费者信任度下降，导致大量客户流失，市场陷入萎缩。这种信任缺失主要源于产品质量问题、服务承诺未兑现、不公平竞争等多方面原因，严重阻碍了消费者对竞技体育产业的信心与忠诚度，进而影响了整个行业的健康发展。

四、我国体育竞技产业发展策略探究

（一）促进竞技体育市场运行体系和机制的不断完善

在计划经济时代，我国竞技体育发展模式逐步形成，并一直沿用至今。虽然进入社会主义市场经济时代后，相应地调整了竞技体育的发展模式，但仍然在行政指令下对社会体育资源进行计划配置，并进行相应的管理，竞技体育发展模式在本质上并没有改变。市场经济下，市场在资源配置中发挥着很重要的作用。因此，必须以社会主义市场经济的运行机制为依据，对当前的竞技体育资源配置方式进行转变，在资源配置中实施“市场为主，计划为辅”的政策。我们必须更新管理意识与手段，并对符合“市场为主，计划为辅”这一新资源配置方针的竞技体育市场运行机制和管理体制进行科学建构。

（二）促进竞技体育俱乐部运作机制的不断完善

推动竞技体育产业的发展还需要建立俱乐部管理体制并加以完善，促进良性循环运行机制的形成：俱乐部管理体制是否完备，主要看其是否具备以下条件：法人地位独立；有自主经营的产品；组织结构、名称和场所健全；能对民事责任独立加以承担，明确分离投资者所有权和法人财产权；对资本金制度和资产经营责任制进行了建立。

竞技俱乐部要走企业化管理之路，逐步向市场方向发展，对市场经济的游戏规则加以遵循，按照市场经济三要素（竞争、价格、需求）来实施经营与管理，建立相互依托、相互制约的运行机制，对投资机制（产权分明）和约束机制（制度健全）进行科学建构。

（三）树立经营开发意识

树立创新观念，积极打造品牌效应是促进我国竞技体育产业发展的一个重要措施。因此要正确认识产业化经营开发，增强市场风险意识，促进市场运行体系和机制的不断完善，促进竞技运动水平的提高，加强对竞技体育产业发展模式、对策的创新，在对他国的经验加以借鉴时，充分结合我国国情，走具有中国特色的竞技体育产业发展道路。

（四）加强政府宏观调控功能的发挥

我国竞技体育产业的发展与社会主义市场经济的发展基本上是同步的。由于体育产业化、体育俱乐部在一定时期内会继续将公共物品提供到社会中，因此在推动市场经济发展的同时，还要加强政府宏观调控职能的发挥，从而促进竞技体育的产业化发展。市场机制作用的充分发挥是政府实施宏观调控职能的前提，政府介入不是否定市场机制，而是对市场机制的缺陷进行弥补，使其更好地发挥自己的作用。政府可对法律体系、政策体系进行科学建构，加大执法监督的力度，并对科学有效的协调管理机制、综合决策机制加以制定，使市场机制的缺陷得到有效的弥补。竞技体育俱乐部的发展不能完全依赖政府投入的资金，因此要割断这一依赖关系，并对俱乐部实行相应的补贴，具体的补贴额度要以俱乐部向社会提供的公共物品的数量来定。

（五）促进社会公众参与程度的提高

竞技体育产业的发展离不开广泛的群众基础，因而需要激励社会公众的参与。社会公众可以通过多种形式来参与竞技体育，如积极参与竞技体育活动、监督不利于竞技体育产业发展的行动、对科学的竞技体育产业化活动加以支持、通过媒体来监控竞技体育俱乐部的训练和竞赛等活动，等等。社会公众对竞技体育的参与，具体包括群众性运动项目的广泛开展、广大球迷的参与、体育经纪人的发展、竞技体育俱乐部专业人员的培养等内容。只有提高社会公众对竞技体育的参与度，提高其对竞技体育经营活动的重视，才有可能实现竞技体育产业的持续健康发展。

第二节　高校体育赛事的市场化发展研究

随着时代的进步与生活水平的提高，人们对体育表现出空前的关注与积极参与的态度，整个体育行业迎来鼎盛时期。竞技性的体育赛事作为体育行业中的焦点，自始至终都吸引着赛事爱好者的关注。围绕体育赛事需求，产生了广阔的体育赛事市场，带来了体育赛事经济体的蓬勃发展。体育经济一般形成于社会，以职业体育为主，当发展到一定程度与范围，必然会波及高校。虽然高校体育主要以教学而非以营利为主，但随着市场经济的发展，社会各个层面呈现出市场化的态势。高校作为社会的中流砥柱，不可能孤立于大环境之外，况且高校的存在是为社会培养优秀的高素质人才并服务于社会。因此高校体育赛事的市场化是大势所趋。体育赛事的市场化是指围绕体育赛事，制造体育赛事产品及服务，并采取市场化的运营模式，以促进体育经济的增长与发展。然而，我国高校体育赛事市场化的步伐仍相对滞后于时代的发展，旧的管理体制和思想观念阻碍着高校体育赛事市场化的进程。

一、我国高校体育赛事市场化的背景及形成

（一）我国高校体育赛事市场化的背景

我国社会主义市场经济体制的建立为高校体育赛事的市场化运作提供了有利条件，并确立了方向。我国还处于社会主义初级阶段的基本国情，减缓了高校体育赛事向市场化深度与广度发展的速度。现阶段，我国高校一直面临着资金短缺问题，使体育赛事的举办受限，有些比赛甚至依靠各参赛队的参赛费维持，可见主办单位将经费短缺的困境转移给了各参赛高校。

商家敏锐的目光纷纷投向于体育赛事市场，不惜重金潜心而精细地研究市场，从而扩增产品销售，提高企业及其产品知名度，增大市场份额等。而大学生不仅是影响未来世界发展动向的决定性力量，更是未来商业市场的消费主力军。自高校扩招政策实施以来，我国高校门槛降低，生源增多，以致大学生市场空间广阔。有调查数据显示，2021 年度全国大学生消费总额突破 7 000 亿元，并且呈现逐年增加的趋势。不难预料，当高校学生毕业而踏上社会之后，将对商业产生更为深远的影响。因此，商家全力投资这块市场或夺取未来市场，与在校大学生进行良好而愉快的沟通并博取他们的好感，是至关重要的。高校体育赛事的市场化运作为各大商家提供了难得的大好平台，同时也创造了机会。

（二）我国高校体育赛事市场化的形成历程

国内社会主义市场经济体制的建立与不断完善，国外高校体育赛事市场化如火如荼地发展，为我国高校体育赛事的市场化提供了内外部的双重条件。从整体上看，我国高校体育赛事市场化的发展历程大致上分为三个阶段。

1. 第一阶段

在计划经济模式的背景下，高校要承办赛事，需要向上级部门提出申请，并得到一笔由教育部下拨的办赛经费。此时的高校体育赛事

以促进体育教学与丰富学生生活为主，不以盈利为目的。

2．第二阶段

从20世纪90年代开始，赛事分为计划内赛事和辅助性赛事两大种类，大部分赛事开始实行按差额拨款，且由承办单位自行筹集资金。而承办单位大都靠拉企业赞助来进行资金的筹集。商家的“觉醒”、人情关系网和政府的大力支持是促进高校体育赛事市场化运营的主导因素。

3．第三阶段

进入21世纪后，高校体育赛事市场化的观念逐渐深入人心，赛事市场化进入了全新且有序的发展阶段。1998年第一届CUBA（Chinese University Basketball Association，中国大学生篮球联赛）的举办标志着我国高校体育赛事的市场化。由此，高校体育赛事开始逐渐成为一种商品及服务进入市场，既满足了人们观赏的需要，又实现了产品的价值交换。

目前，我国高校体育赛事的市场化仍然处于不断摸索、发展和健全的阶段。商家积极地关注并陆续参与到高校体育赛事中，为体育赛事经济的发展注入了活力，对企业的发展、品牌形象的树立和知名度的扩大具有很大的推动作用。

（三）我国高校体育赛事市场化的形成原因分析

1．国家的各项政策法规的颁布及实施

中华人民共和国教育部与国家体育总局2013发布的《体育传统项目学校管理办法》中指出：“传统校应当从实际出发，因地制宜开展形式多样的体育活动”“传统校运动代表队应当积极参加上一级体育、教育部门组织的体育竞赛活动。”以此来引起高校、学生及社会的重视，使高校体育赛事得以顺利开展。高校要放宽政策，允许承办规模较大的体育赛事单位，以比赛或运动会的名义获得广告、赞助等行政拨款之外的经济收入。政府的各项政策与法规的推行，为高校体育赛事的市场化运作奠定了稳定的基础，同时为高校体育市场的形成与发展提供了莫大的机遇。

在新形势下，为适应我国体育事业改革和高校体育教育发展的需要，高校应加强高水平运动队伍的建设，为国家培养全面发展的高素质体育人才，为竞技体育的发展做出杰出的贡献。教育部颁布的《关于进一步加强普通高等学校高水平运动队建设的意见》文件，为大学生体育赛事的市场化提供了良好的政策支持。高校教育改革的不断深化与国家各项政策法规的颁布及落实，为高校体育赛事的市场化奠定了基础，并为其形成提供了发展的契机。相关高校应根据国家的各项政策与法规，在已经开展高校体育赛事的基础上，对高校体育竞赛的制度和办法作进一步的规范与健全，开展丰富多彩的高校体育赛事活动，使“校园经济”的作用得到充分发挥。

2．市场经济体制的改革

我国于1992年确立了社会主义市场经济体制改革的目标，而作为体育改革重要内容的“体育产业化”，得到了社会各界和政府的一致认同。体育比赛从过去单纯地由民间组织或政府提供公益性无偿服务，逐渐发展为一种商品进入市场，既能满足人们观赏的需要，又能实现产品的交换，并使体育赛事的价值得以实现，使商家获得一定的利润。1998年，中国大学生篮球联赛为我国高校体育赛事的市场化打响了第一枪，随后足球、排球、健美操等高校体育赛事也都有计划地开展起来，并面向社会招商，取得了良好的经济效益。另外，我国市场经济的快速发展加速了高校体育赛事市场化的进程。所以，在高校体育赛事市场化的形成过程中，经济体制的改革具有推波助澜的作用。

3．思想观念的转变

高等院校的体育教育是实现国家教育任务必不可少的组成部分，因此要大力提升高等院校的体育竞技水平，本着可持续发展的原则，充分发挥高校在全面培养高素质人才方面的优势，为我国竞技体育的快速发展做出贡献。构建高校体育人才培养的新机制，变革思想观念与思维方式，提升高校体育赛事产品与服务的质量和名声，以利于招商引资，进而使高校体育赛事朝着市场化的方向稳步发展。与此同时，要借鉴国外高校体育赛事市场化的成功经验与模式，转变计划经济式的思想意识，建立社会主义市场经济的新型思想观念。

现代体育意识的不断更新、发展与社会“市场化”功能的逐渐完善，为高校体育赛事市场化的形成奠定了稳固的基础。自1998年我国高校体育赛事的市场化起步以来，随着商家资金投入不断增加，赛事的规模不断扩大，利润得到快速的增长。例如，2023年第25届中国大学生篮球联赛在厦门举行的揭幕战，开赛前门票就全部售空，取得了良好的经济效益与社会的广泛好评。

4．体育产业和体育经济的蓬勃发展

中共中央、国务院1992年发布的《关于加快发展第三产业的决定》的文件中指出：“体育属于为提高科学文化水平和居民服务的第三产业部门，第三产业要以产业化为方向，建立充满活力的自我发展机制。”这一政策为体育发展指明了产业方向，同时还揭示了“体育产业化”绝不只是单一式经营模式，而是多层次、多渠道、多形式的社会化复合模式。另外，2021年体育总局印发的《“十四五”体育发展规划》中也强调，建立和完善国家体育产业基地动态管理机制，充分发挥示范、辐射、带动作用，推动产业基地规范、健康、高质量发展。这些充分表明我国体育产业化、社会化的变革决心与力度，也为高校体育赛事的市场化运作奠定了稳固的基础。体育赛事在高校的市场化运行是社会经济渗入高校的重要渠道。体育产业和体育经济的不断发展，为高校体育赛事市场化的形成提供了切实可行的理论基础与实践依据。

5．商家对高校体育赛事的关注

需求是市场的本质，没有需求，就没有市场。在现代社会，随着商品持续不断的丰富与人们需求水平的提升，市场越来越精细化。商家为了最大程度地获得利润增长，潜心研究体育赛事市场，以便向公众传递信息并施加影响，改变公众的消费观念、态度、期望和行为，从而达到提高企业及产品知名度、增加市场份额、促进产品销售等目的。对于商家而言，高校大学生这一群体可能是他们的潜在客户或主要目标客户。由于大学生消费观念还没有定型，其消费容易受到外界的影响与商家的引导，很可能成为商家未来最具潜力的忠诚消费群体。

二、我国高校体育赛事市场化的现状

（一）我国高校体育赛事市场化的本质与特征

1．高校体育赛事市场化的本质

从市场经济的角度看，高校体育赛事的市场化是产品或服务实现价值交换的过程。在此过程中，商家、观众及其他相关组织，是购买赛事产品或服务的消费者，赛事的组织者、管理者是产品或服务的提供者。作为一种商品，高校体育赛事是组织学生运动员进行高水平的比赛，以实现运动员的体育竞技价值，并满足观众的观赏需求。高校体育赛事拥有大量的无形资产，具有极高的观赏价值与商业媒介价值。因此，高校体育赛事市场化的本质，是高校体育赛事的商业媒介价值与观赏价值通过市场而实现价值交换的过程。

2．高校体育赛事市场化的特征

（1）市场价值具有不确定性。高校体育赛事的市场价值是由该赛事的观赏价值决定的，而观赏价值又取决于高校学生体育赛事的竞技水平。随着高校体育赛事水平的提高，观赏价值越大，市场价值自然越高。高校体育赛事的市场化是随着竞技水平而波动的，因此，其具有很大的不稳定性。

（2）具有很强的时效性。高校体育赛事的市场化满足市场经济的发展规律，且具有特定的目标指向性。高校体育赛事的无形资产，像赛事冠名权、电视转播权、广告发布权、各类标志的特许使用权等，一般都有特定的时限，一旦超出这个时限，其商业价值就不复存在。

这就要求高校体育赛事的管理者需要提前对赛事的开发进行周密的推广策划，以期最大程度地实现高校体育赛事的商业价值。

（3）具有过程的不可复制性。就像世上找不出两片完全相同的叶子一样，对于高校体育赛事，无论比赛对手有无变化，每一场比赛都有着完全不同的过程。过程的不可复制性，使得每一场高校体育赛事都是独特的，即每一场高校体育赛事都是一个全新的“生产”过程，使观众每次观看都有耳目一新的感觉。

（二）我国高校体育赛事市场化的表现形式

目前，我国高校体育赛事，大致可分为全国性单项比赛、全国性综合运动会、地方性单项比赛与地方性综合运动会。具体而言，全国性单项比赛有全国各单项体育分会的选拔赛、锦标赛；全国性综合运动会有四年一届的全国大学生运动会；地方性单项比赛有各省市单项分会的选拔赛、锦标赛；地方性综合运动会有各省市举办的综合运动会。

我国高校体育赛事的项目主要集中在篮球、足球与排球这三大种类上，其中，篮球与足球项目特别受到商家的关注与偏爱。1998 年举办的中国大学生篮球联赛是我国高校体育赛事中首个采用市场化模式的大学生联赛。随后，为给中国足球培养高素质运动员，中国大学生体育协会和飞利浦公司于 2000 年共同创办了中国大学生足球联赛。从此，高等学府的莘莘学子拥有了属于自己的足球联赛，同时，也能在绿茵场上向人们展示天之骄子的大学生风采。目前有一千多所大学参加了中国大学生篮球和足球联赛两项赛事，使篮球和足球运动在高校学生中的普及与发展达到了新的高度，而这两个项目渐渐地形成了高校体育赛事市场化的雏形。

高校体育赛事市场化的成功，离不开大学生们的积极参与和社会对高校体育赛事的热切关注。目前，很多观众、商家以及媒体界越来越关注并参与到高校体育赛事活动中，为我国高校体育赛事市场化的发展提供了动力。

1．媒体对高校体育赛事市场化的影响

媒体对高校体育赛事市场化的热切关注和参与，既有利于促进高校体育赛事中品牌赛事的形成，又有利于商家品牌形象的树立。与此同时，媒体对高校体育赛事的转播、录播及宣传，也使得媒体报道内容丰富化。在高校体育赛事市场化的进程中，应利用媒体的立体式、多渠道信息传达，促进高校体育赛事市场化规模效应的形成。

2．商家对高校体育赛事市场化的影响

我国高校体育赛事市场化从起步至今，陆陆续续地有许多商家关注且参与到高校体育赛事活动中。商家之所以选择通过高校体育赛事与消费者建立关系，是看中了高校体育赛事的庞大市场与商机。通过高校体育赛事宣传企业文化，可以增强企业在公众中的影响力，在大学生消费群体中树立良好的企业形象与声誉。结合高校的实际情况和高校体育赛事的特点，商家可以构建规范而有效的商务营销平台，主要包括活动平台、赛场平台、媒体平台、校园平台等。无论是从短期利益还是从长期利益来看，无论是从微观利益还是从宏观利益来看，商家对高校体育赛事的赞助都是非常有意义的。显而易见，商家在提升企业形象、扩大目标市场、增加销售机会、培养潜在客户、树立强势品牌等方面有着很大的发展空间。

3．观众对高校体育赛事市场化的影响

观众意味着需求，哪里有需求哪里就有市场，而有市场就必然会有商业。尽管由观众观看比赛而得的门票收入微不足道，但高校体育赛事需要观众带来人气，烘托赛场氛围。参加比赛的运动员也是从他们中间而来，在这样的现场比赛环境中，学生们追逐着他们自己心目中的“体育明星”，会欣喜若狂于“体育明星”是自己的同学、校友或同乡等。所以，与观看职业队的比赛相比，置身于这样的比赛现场，他们的观看兴趣更容易被激发，也更容易产生共鸣。

此外，还有一个不可忽视却又容易被忽视的忠实观众群，即参赛学生的家长、亲属或老师，他们会通过各种途径关注赛事、观看比赛。例如，看报纸及相关杂志、看现场直播或转播乃至现场观看等，这些都会产生消费，带来经济收益。事实表明，在高校体育赛事市场化的进程中，观众群体对体育赛事的关注，推动了高校体育赛事市场化的进程，也吸引了商家投资赞助。

（三）高校体育赛事市场化的意义

1．增强高校品牌效应

改革开放以来，体育赛事日益成为公众关注的焦点，而高校体育赛事作为其中的亮点，更是吸引了社会的广泛关注。通过多媒体平台如新闻报道、电视转播、互联网传播等渠道，高校体育赛事成为展现校园文化、提升学校形象的优质载体，有效提升了高校的社会知名度和品牌形象，为学校吸引优质生源和外界合作创造了有利条件。

2．提高运动员的竞技水平

高校体育赛事在提高运动员的竞技水平方面发挥着重要作用。首先，体育赛事为运动员提供了展示和锻炼技能的平台，通过比赛，运动员可以积累宝贵的实战经验，提升应对比赛压力的能力。其次，在赛事准备和比赛过程中，运动员会接受更为专业和系统的训练，以应对比赛中的挑战，这有助于他们技能的进一步提升。最后，通过赛事，可以接触到不同的运动员，通过研究分析对手的优缺点，可以学习到对手的优势，应对对手的强项，进而使自己的技能得到提升。

3．深化校园文化内涵

高校体育赛事不仅是体育竞技的舞台，更是校园文化的重要组成部分。赛事的举办不仅丰富了学生的课余生活，激发了学生的体育热情，还促进了校内外的文化交流，加深了师生对体育精神的理解和认同。通过体育赛事，学生在参与和观看中培养了团队协作能力、增强了身体素质，同时也促进了健康生活方式的形成，对校园文化的多元化发展起到了积极的推动作用。

4．为企业的发展提供商机

随着高等教育的普及，庞大的大学生群体成为消费市场的新兴力量。尽管经济尚未完全独立，但他们是品牌忠诚度高、消费潜力大的未来主流消费者。赞助高校体育赛事，企业不仅能以较低成本建立品牌形象，还能在学生心中种下品牌种子，培养未来的忠实顾客群。通过赛事营销，企业不仅直接促进了产品和服务的销售增长，还长远布局，与高校建立了良好的合作关系，为企业的可持续发展开拓了新的市场空间。

三、我国高校体育赛事产品及消费

随着高校体育逐渐向产业化发展，体育赛事产品的市场潜在价值越来越引起相关企业的关注，他们希望通过高校体育赛事对消费群体的吸引使其关注企业所提供的产品或服务；而且，赛事组织机构对赛事产品或服务的市场开发力度进一步加大，且取得了丰厚的利润；政府相关部门也将目光聚焦于此，划拨资金并大力支持，以带动体育赛事相关产业的发展。

（一）体育赛事产品的定义

产品是为满足人们的身心需求而产生，哪里有需求，哪里就有相应的产品。体育赛事产品，是为满足人们在体育消费方面的需求而产生的，体育赛事产品是一个综合性的概念，包括赛事活动本身及其相关的服务和衍生产品。产品都是围绕比赛而展开，如衣服展销、食品饮料销售、设施广告、半场娱乐活动等。

目前，体育赛事所提供的产品，主要分为核心产品与衍生产品。核心产品是竞技运动项目的表演过程，并通过运动会的名气、运动员的赛场表现、运动竞赛的赛场氛围、运动比赛的结果等表现出来，如比赛门票与赛事纪念品的销售等都属于核心产品。而衍生产品是指在竞技赛事核心产品的生产过程中，依托于核心产品而派生出来的无形产品，像网络视频、体育彩票、电视转播、赛事邮票等。

一言概之，体育赛事产品是指在体育产业化、职业化与市场化的时代环境下，提供一系列的体育赛事产品或服务等，以满足客户的观赏、冠名、派生等多元需求。

（二）体育赛事产品的特性

在体育产业中，体育赛事作为最受关注的焦点，其产品自然有着广阔的市场，而市场运作与营销的效果都受其产品特性的影响。因此，唯有在遵循市场规律并清楚体育赛事产品特性的前提下，体育赛事产品的市场化内在价值与特性才能充分有效地发挥出来。体育赛事产品的特性一般有社会特性、生产特性、价值特性与消费特性等。

1．体育赛事产品的社会特性

体育赛事本身即为一种产品。体育赛事的社会特性是指体育赛事具备文化性、地域性与垄断性等。文化性是指赛事的体育精神及价值取向，也被称为体育赛事的灵魂，缺失了文化性的体育赛事犹如行尸走肉一般；体育赛事的地域性是指体育赛事会受到举办比赛当地风俗、人文环境及大众的体育爱好等影响。体育赛事产品不同于一般的消费品，其具有很高的市场垄断性，往往由赛事运营商或赛事组织委员会对其进行统一管理，严禁任何未经允许的组织或个人随意买卖。

2．体育赛事产品的生产特性

在经济学上，生产是指将投入的资源经过改进性加工或重新组合而转化为产品的过程。赛事产品的生产特性包括不可控性、举办唯一性与经营特许性。体育赛事的不可控性是指由于环境、天气、氛围等因素的变化，使得赛事过程无法被精确地预料，不到比赛的最后，则难以对赛事结果作出准确的判断。体育赛事的举办唯一性是指举办的赛事不可能完全相同，哪怕对于同一种类的赛事，由于举行地点或时间的不同，各届赛事也都会有所不同。也正因此，观众能够通过不同的赛事得到不同的观赛体验。体育赛事的经营特许性是指赛事产品的经营需要国家体育赛事委员会授予的特许权，进而对赛事产品的标识、名称、奖牌、会歌、会徽、吉祥物等使用权进行保护，并且经营者还可以利用体育赛事产品本身的附加值，开发并销售与体育赛事有关的各种特许商品或增值服务，如各种赛事装饰品、纪念品、服装等。

3．体育赛事产品的价值特性

体育赛事作为一种产品，具有商品的特征，其中凝聚着运动员的劳动成果，即其竞技能力及心智发挥，这是其内在价值；其外在价值包括观赏价值与商业价值。对赛事产品价值特性的认知及把握是有效挖掘赛事价值的前提。体育赛事产品的价值特性包括价值时效性与价值衍生性。体育赛事价值的时效性是指即使同一赛事信息，在不同的时点，其市场价值也会不同。因此，比赛中在不同的时点插播广告，其广告费用也会不同。一般情况下，市场价值的高低与赛事信息发生时点的远近成正比。体育赛事的价值衍生性是指其具有二次出售的特性，这特性蕴含于再生产过程中。当今世界，随着体育赛事产业化、市场化的进展，很多企业以体育赛事的影响力为载体，来宣传自身的企业形象。

4．体育赛事产品的消费特性

消费是指为了满足人自身的欲望与需求而对相应商品或服务的有偿获取。体育赛事产品的消费特性是指通过对赛事产品的使用价值进行销售，而获取经济收益的商业行为。

体育赛事产品的消费特性包括消费主体的多样性与消费过程的不可逆性。体育赛事产品的消费主体呈现出多样化的面貌，主要有观众、网络、企业赞助及电视传媒五大类。体育赛事产品消费过程的不可逆性是指比赛一旦开始，随着比赛的进程，其无法逆转或重复进行。再者，对于体育赛事产品或服务质量的体验及判定，伴随消费的过程而产生。赛事产品的不可逆性，还体现在消费者一旦购买了产品，就只能接受，而无法更换，更不能退货，不像其他产品那样，若在消费前就发现了产品的质量问题，是可以换货甚至退货的。

（三）高校体育赛事消费过程及价值挖掘

随着科技的进步及网络新媒体的快速发展，体育赛事的宣传力度与效果越来越大，其影响力已拓展到体育领域以外，并在价值方向上逐渐由赛事的政治性、精神性转变为商业性、经济性。在许多经济发达的国家，体育赛事产业发展迅速，以致成为支柱性产业。体育赛事的产业化发展历程表明，体育赛事的产业化不但推动了体育运动在全社会如火如荼地开展，并以其独特的方式，拉动基础设施方面的投资，有利于促进相关产业的发展，并呈现出社会和经济的双重效益。

1．高校体育赛事产品的消费过程

随着人们生活水平的提高及对精神层次的追求，体育赛事产品的消费正朝着时尚化方向发展。由于体育赛事作为一种服务性质的产品，不同于一般的物质性产品，具有与生产消费共进退和多种消费方式共存的特性。根据这些特殊性，高校体育赛事产品的消费过程分为显性大众化的消费与隐性商务化的消费。

（1）显性大众化的消费过程。显性大众化的消费是指将购买的赛事产品直接用于生活的消费。对于显性大众化的消费过程而言，在体育赛事产品营销的进程中，必须自觉地将“吸引人眼球—激发人的兴趣—产生消费欲望—形成深刻记忆—进行消费行动”的原则按照顺序落实于其中，唯有这样，才能最终取得销售的成功。

（2）隐性商务化的消费过程。隐性商务化的消费是指将购买来的产品用以从事再生产活动的消费。显然，隐性商务化消费以获得经济利润为导向，不同于显性大众化消费过程。在隐性商务化消费的过程中，从表面现象来讲，首先，消费者要被赛事载体深深吸引进而对其关注；其次，经过调研分析，对通过赛事载体的可获利程度作出判断，然后产生强烈的赞助欲望，随后搜索相关的大量信息，做出赞助方案；最后，实施赞助行为。但从本质上讲，在隐性商务化的消费过程中还隐藏着赛事产品的许多间接消费环节。在对各种隐性商务消费者进行综合分析后发现，隐性商务化内在消费的本质过程依次由“注意—挖掘—期待—释放—回味”构成。

2．高校体育赛事产品的价值挖掘

对显性大众化消费者而言，高校体育赛事消费是心理享受的一种体验过程；对隐性商务化消费者而言，在赛事消费的过程中，始终贯穿着经营理念，是对商业价值回报模式的一种探索。由于赛事消费过程中的“期待”“释放”“回味”三个环节体现着不同的价值形式，并分别在注意力经济、影响力经济和回头经济上有着深刻的体现。因此，无论是对显性大众消费者的心理发展而言，还是对隐性商务消费者的赞助回报来说，这三个环节都相当重要。

注意力经济是指为获取一定的经济收益而采用各种方法吸引公众注意力的一种经济活动。在此过程中，作为主观而有限化资源的注意力与作为客观而无限化资源的赛事信息得到了最佳的配置；影响力经济是指为实现预期的经济收益，利用赛事产品对受众施加影响，其源于注意力经济，又超乎注意力经济；回头经济是指在充分利用赛事的影响力和对公众注意力有效吸引的基础上，通过在注意力营销战略中施行二次定向吸引，而获取利润的一种经济活动。

四、我国高校体育赛事的市场化运作

体育运动的兴起推动着体育赛事向前发展。体育赛事以深厚的文化内涵和广泛的影响力逐渐成为人类现代文明中不可忽略的一部分。奥运会无疑是世界上最精彩、最成功的体育赛事之一，它代表着全球范围内体育赛事市场化运作的最高水准。尤其是1984年的洛杉矶奥运会的成功运作为各大体育赛事的运作提供了优质案例。当时，著名的金融家尤伯罗斯尝试了全新的市场化运作模式，如收取广告费、出售电视转播权、出售门票或纪念币等，对奥运会进行首次的市场化运作，不但使奥运会一度亏损的局面得以扭转，还使奥运会从简单而纯粹的体育运动会向吸引社会各界广泛参与的大型社会经济活动过渡。自此，人们开始注重体育赛事所具有的交换价值与使用价值。大型体育赛事本身所蕴含的巨大商业价值，已经催生了“体育赛事经济”这样一个新的经济领域。

近年来，体育竞赛市场以竞技体育为依托，并且日趋走向成熟与完善，随着体育赛事的不断成长，市场化运作也得到进一步发展。在社会主义市场经济改革进程中，中国积极吸取国外经验，各项体育赛事的市场化运作进行得有声有色，各项赛事本身成为各大商家和媒体关注并投资的对象。经过各方面的共同努力，像哈尔滨第 24 届世界大学生冬季运动会那样，各种高校联赛已迈出市场化运作的第一步。

在全面建立健全社会主义市场经济体制的整体环境下，各行各业开展了关于高校体育赛事市场化的探索与讨论。可是直到今天仍缺乏严谨的市场化定义，在主要的词典之中也没有收录相关的词条。在社会大众的印象中，市场化是指以生产某种产品或提供某种服务为手段，以达到营利的目的。体育行业为适应社会主义市场经济体制，也逐渐市场化，体育市场化指以竞技为中心的各类体育运动，采用市场化的运作模式，以盈利为目的而推动体育业向前发展。

（一）高校体育赛事市场化运作的定义

运作是指通过一系列输入转换成输出的创造商品和服务的活动。任何组织都有一个运作系统，通过将输入转换成输出而创造价值。体育赛事运作是指体育赛事主办单位通过行使管理职能对赛事投入的人力、物力、财力和信息技术等进行合理整合并优化分配，有效地创造出竞赛产品及相关服务，进而达到赛事目的。

高校体育赛事市场化运作的概念可界定为高校体育赛事的举办者合理分配并使用在赛事中投入的各种资源，创造出赛事的产品及相关服务，并采用市场化的手段与方法，将它们作为市场中的一种商品，进行交换，并获得利润，以支撑举办体育赛事的各种开支，从而促进高校体育事业的蓬勃发展。

（二）赛事参与体

体育赛事必须有人的参与才能发生，服务的消费与管理的实施必须有人参与，人的因素是体育赛事中的重要因素。赛事参与体也带着参与赛事的动机与目的，并且参与体之间的需要和期望有时会产生重叠，甚至会发生冲突。成功的赛事要取得好的成效，需要平衡参与体之间的竞争，而高校体育赛事在市场化运作的过程中，自然也会遇到这些问题。

1．赞助商

一般而言，人们以为赞助只是简单地解决资金短缺的问题，但现在赞助成了需要给予适当回报的商业投资，属于市场营销的重要组成部分。当前，许多赞助商对赞助的观念发生了变化，商业赞助成为组织之间一种更高级的合作营销方式。由于赞助涉及整个赛事各个方面的投资，赞助商可取得商业发展机会作为回报。

2．媒体

现今世界媒体的扩展，互联网与卫星电视的应用等创造出了大量的媒体产品。全球媒体组织的网络化、媒体图像和数据的电子快速传输使全球成为一个媒体库。媒体的革命反过来也给体育赛事带来了深刻影响，表现在体育赛事上，即媒体中的虚拟存在已经等同乃至大于现场的实际存在。体育赛事的现场观众也远远少于电视或网络观众。

3．赛事参与者

赛事参与者包括运动员、教练员和裁判员等，赛事的成败最终由他们决定。运动员是各项体育赛事的主体，观众和教练员是其中的一个组成部分。没有运动员的精彩表现，就不可能吸引广泛的观众。

（三）我国高校体育赛事市场化运作的理念

高校体育赛事市场化运作理念是对赛事市场化运作过程、规律、宗旨及方向的本质认识，是赛事市场化运作的理论指导，是高校体育赛事市场化运作所依据的规范与标准。高校体育赛事在市场化运作的进程中受到主客观条件等方面的限制，因此，持有正确的市场化运作理念显得至关重要。

1．营销理念

由于体育赛事属于服务类性质，而服务作为一种无形的产品，具有很强的商业性特征。市场营销是体育赛事必然的内容和任务，是体育赛事必不可少的一环。无论体育赛事是否以盈利为目的，都是为包括观众在内的消费者提供一系列的服务，让他们的付出更有价值。所谓赛事营销理念是以观众为中心，紧绕市场，运用多种营销方式，实现投资者与顾客的互惠共赢。

2．服务理念

根据以上理论及产品本身的特征，提供服务并满足消费者需求是高校体育赛事市场化运作的宗旨。高校体育赛事中的消费者，即使用体育赛事产品或服务的成员用于体育活动及相关方面产生的消费，既包括对体育赛事产品或服务的直接消费，又包括运动员在内的全体参与者对赛事支撑服务的间接消费，尤其是赞助商和媒体等赛事参与体的服务。由于消费者在面对不同服务时，具有选择最佳消费模式的决策权利，因此服务理念的提出，对高校体育赛事的市场化运作有着重大的意义。

3．法律理念

法律是高校体育市场化运作必不可少的因素，法律与赛事风险紧密联系在一起。单单依靠任何一家公司或赛事参与体而完成体育赛事的整个运作任务是不可能的，必须靠多方面的合作才能达到最终的赛事目标。既然有合作，也就必然有合同，有合同就必然有谈判和法律的存在。法律在高校体育赛事市场化运作中表现在营销、广告、赞助、国内外的电视转播权等一系列合同的签署上。签订的正式书面合同是各方利益得到法律保护的根本凭证，使各方明确各自承担的职责、权利、义务、角色、财政负担和违约责任，且能免去由口头协议而带来的麻烦。

4．品牌理念

市场需求的推动决定了高校体育赛事能否被塑造成品牌赛事，而非只是依靠政府及相关体育组织。赛事之所以能成为品牌，首先取决于赛事本身具有很高的竞技价值和很好的观赏价值，其次取决于运动员的竞技水平和对公众的影响力，最后取决于赛事组织经营者对赛事的包装和市场化运作。然而，不管哪种体育赛事，都需要经过数十年乃至上百年的运作经营和市场推广，才可能成为品牌赛事。虽然我国高校体育赛事资源非常丰富，但品牌赛事还是很稀少。

（四）我国高校体育赛事市场化运作的程序

1．设置机构

高校体育赛事市场化运作的人员配置及组织机构会随着赛事的性质、规模、历史传承等因素的不同而发生变化。体育赛事运作管理机构如果是企业性质，一般会在企业内部设立市场开发部，以负责整个赛事的市场化运作；如果是由政府部门组建的体育赛事组委会，则会另设市场开发公司，并直接受组委会监管。

2．统筹资源

体育赛事市场化运作的第一步是统筹赛事资源，即对赛事所具有的市场资源进行详细而全面的调研、分析、统计、归纳、整理和分类。资源统筹不仅工作量很大，而且对细节的要求也高，因此需要多部门的协调。资源统筹虽然主要由负责市场开发的部门承担，但必须同其他部门进行沟通协调。特别强调的是，统筹资源是一个很富有创意的过程，会在原有资源的基础上进行创新，或者不断地挖掘新的市场资源，并对资源进行筛选、优化与整合，以提升体育赛事市场化运作的质量与效率。

3．确定目标

高校体育赛事市场化运作目标，简言之，是通过对体育赛事产品与服务的营销，获得尽量多的利润。目标的制定，在日常运作中往往会有两种方式，或是对两种方式的综合运用：一是对赛事市场整个资源的总体价值进行全面估算，以此作为基础，确立赛事市场的开发目标，这是各种类型赛事特别是商业赛事所常使用的方式；二是根据赛事的实际资金需求来确定赛事的市场开发目标，这是国内许多综合性大型赛事所经常采用的方式。

4．确立规则

赛事的市场开发应该遵循“公开、公平、公正”的原则，“等价交换”是高校体育赛事市场化运作的关键。因此，体育赛事运作机构要制定出对赛事市场进行开发的各种规则，且上报主管单位或赛事主办单位，确保规则的稳定性、统一性与权威性。唯有这样，对赛事市场的开发才能做到有法可依、有章可循，还可避免朝令夕改、人云亦云等现象，并为以后各项合同的签订提供依据。

5．制订方案

高校体育赛事市场化运作方案的制订，包括市场开发总体计划的制订与各项开发工作具体方案的制订。市场开发的总体计划一般包括制订销售预期目标、确定市场开发目标对象的范围、制订宣传手册与营销方式、市场开发的费用预算、各项开发项目的工作要求等；各项开发工作的具体方案包括门票、赞助、电视转播权等。

6．实施方案

方案的实施是在不违背赛事市场开发总体规则的前提下，根据市场开发实施方案，有计划、有步骤地开展工作。在这个阶段，赛事市场开发时间跨度最长、人力资源投入最大、资金耗费量最多，故此，方案的实施效果直接影响到通过体育赛事而获取的利润。方案实施得成功与否，以下这两个衡量标准缺一不可：一是赛事市场开发工作好坏的硬指标，即开发收入的多少。二是向赛事支付了费用的赞助商、购票观众、购买了电视转播权的媒体机构等开发对象的满意度。

第六章　体育场馆管理与高校体育场馆经营

第一节　体育场馆的经营与管理

当前，体育场馆业在我国整个体育产业体系中占据着重要的地位，加强体育场馆的经营管理对于我国体育产业的发展具有重要的意义。

一、体育场馆的运营

（一）体育场馆运营的内容

人们参与体育健身、运动员参加运动训练等都离不开体育场馆，因此加强体育场馆的建设、运营与管理非常重要。体育场馆的运营者与管理者应制定一定的发展规划，为大众提供良好的健身场地，满足人民群众日益发展的体育健身需求。体育场馆的经营管理包含诸多内容，涵盖各个方面，如体育产品的研发与设计、体育产品的生产与销售、体育产品的质量检测与反馈等，通过对这些内容的管理才能确保体育场馆建设的规范化发展。具体来说，体育场馆运营的内容主要包括产品或者服务的有效生产、消费者效用的满足以及以供应商为主的资源的有效配置三个方面。这三个方面的内容至关重要，体育场馆经营者一定要高度重视起来，做好体育场馆的运营与开发。

（二）体育场馆运营与管理的原则

1．全面发展原则

在体育产业发展的过程中，体育场馆是重要的基础，没有了体育场馆体育赛事便无法进行，体育产业的发展也就无从谈起。体育产业的功能定位应以竞赛、训练、全民健身、运动休闲等为主。为促进体育场馆业的健康发展，体育场馆要坚持全面发展原则，注重创新，开展多种形式的经营活动。

2．社会效益优先原则

体育场馆在运营与发展的过程中，要满足人们的体育消费需求，同时还要兼顾社会效益，在实现社会效益的同时，追求经济效益的最大化，将社会效益和经济效益统一起来发展。

3．坚持科学管理原则

在体育场馆运营与管理的过程中，要建立一个科学的现代企业制度，引入科学管理方法，努力提高体育场馆管理水平，促进体育场馆业的发展与完善。

4．树立市场营销理念原则

在当前社会主义市场经济条件下，我国体育场馆业的发展应遵循市场经济的发展规律，树立以社会、顾客为服务主体的营销理念，运用科学的方法进行市场调研、评估市场需求状况并制定发展策略，促进体育场馆的建设与发展。

（三）体育场馆运营与开发的手段

体育场馆运营与开发的手段是指为完成运营与开发任务，达到预定目标而使用的一定技巧。当前关于体育场馆运营的主要手段有：ISO（国际标准化组织）质量认证、服务流程图、关键路径分析、精细化管理、服务外包等。

体育场馆建设与开发的主要手段有：纵向营销、横向营销、异业整合等。

体育场馆实现收入的主要手段有：场馆租赁收入、门票收入、俱乐部会员费、赞助费、广告收入、体育用品销售等商业活动收入，活动策划组织实施的服务收入等。

（四）体育场馆运营与开发的模式

为促进体育场馆的发展而设计的不同运营与开发方式就是体育场馆运营和开发的模式。当前，我国体育场馆运营与开发的模式主要有以下几种：

1. 会员制运营模式

会员制是指利用会员身份来锁定忠诚顾客的一种营销方法。这一方法在体育俱乐部管理中最为常用，在体育场馆的管理中也得到了很好的利用。体育场馆经营者可以通过定向募集会员的形式，出售不同类别的会员身份来募集资金，从而吸引更多的会员加入其中。这一模式能在短时间内向客户融到资金，能起到稳定市场的重要作用，因而成为最为常用的体育场馆运营模式。

2. 承包制运营模式

承包制是指通过一定的合同契约将全部或者部分体育场地、设施设备，以租赁或者承包的方式出让经营权并获取收益。通常来说，承包的形式可以根据现实情况合理确定，其中内部协商和招投标制度是最为常用的两种方式。当前，承包制这一形式得到了广泛的利用，能在很大程度上减轻体育场馆管理的负担，但是对于体育场馆管理者而言，会失去一定的管理权。

3. 直接经营模式

直接经营模式是指由体育场馆的产权拥有方组织与管理体育场馆的各项活动。这一模式能保障体育场馆获得一定的社会效益，但由于管理机制不灵活，很有可能导致管理效率低下，同时还有可能导致经济效益的减少。因此，选择这种模式时要十分慎重，加以综合考虑。

4. 合作经营模式

合作经营模式，即体育场馆产权拥有方以土地、房屋、其他设施、管理经营及技术秘诀或者品牌、无形资产等作为投资品，与其他投资者共同开发一个市场机会并分享投资收益。该模式能够整合和利用社会中的各种资源为体育场馆建设服务，能大大降低场馆经营的风险，受到了体育场馆经营管理者的青睐。

5．委托经营模式

委托经营模式，是指在明确体育场馆产权关系的前提下，按照委托代理理论，产权拥有方将体育场馆委托给专业管理公司运营，专业管理公司在实现产权所有人所规定的运营目标后，努力实现体育场馆经济效益的最大化。这一模式在西方国家非常流行，它能在一定程度上解决体育场馆运营与管理费用不足的问题，同时还为体育场馆建设带来了先进的理念，提高了体育场馆管理的科学化水平。

二、体育场馆的营销

体育场馆营销是体育场馆经营管理活动中的重要环节和内容，下面主要介绍当前较为常用的体育场馆营销模式。

（一）一对一营销

“一对一营销”是当前较为常用的模式，其核心思想为：以“顾客份额”为中心，与顾客互动对话以及定制化。当前，体育场馆的营销应从关注市场占有率转移到关注顾客的“顾客份额”上来，关注本体育场馆产品在顾客所拥有的所有该产品中的份额，然后根据调查得出的情况，逐步提升这个份额的占有率。

在进行体育场馆营销的过程中，管理者应通过双向的交流与沟通充分了解顾客的消费行为，为顾客提供差异化、定制化的体育场馆服务产品，这样才能赢得顾客的青睐。

需要注意的是，体育场馆实施“定制化”并不需要对现有的产品与运作模式进行大的改动，可以采取捆绑销售、改变配置、个性化的服务设计、提供灵活的服务模式和支付方式等来实现体育场馆的“定制化”，其目的都是为顾客提供良好的、便利的专属服务。

（二）品牌营销

品牌是产品或服务属性、名称、包装、价格、历史声誉等各方面的无形总和。品牌对于一个企业的发展具有重要的影响和意义，因此，大大小小的企业都非常重视自身的品牌建设。

当一个体育场馆正经历从卖方市场转变为买方市场，产业增长方式将从数量规模型向质量效益型转变。在这种变革过程中，品牌作为一种重要力量，在一定程度上决定着体育场馆的发展前景。一个有影响的品牌可以征服消费者，取得越来越大的市场份额。品牌竞争就是以品牌形象和价值为核心的竞争，是现代社会一种新的竞争态势。

对体育场馆的建设而言，也要树立一定的品牌意识，走品牌发展战略，可以按以下步骤进行：

1. 分析行业环境

分析整个体育场馆业的发展情况，准确掌握其他体育场馆在消费者心中的大概位置，以及它们的优势和弱点，然后寻找创新点，将自身的体育场馆建设得与众不同。

2. 追求卓越的品质支持

体育场馆必须以优质的业务质量为根本，树立良好的品牌形象。这里所指的业务质量，是一个综合性品质的概念，包括体育场馆的交通位置、硬件设施、服务质量，以及对服务过失的补救等。

3. 进行持续的整合营销传播

在体育场馆建设与管理的过程中，必须加强体育场馆的传播，将本品牌理念植入消费者心中，建立一个完善的宣传体系，以起到良好的营销效果，为体育场馆吸引大量的客户。

（三）深度营销

深度营销，是指以体育场馆和顾客之间的深度沟通及相互认同为目标，从关心人的显性需求转向关心人的隐性需求的一种新型的、互动的、更加人性化的营销新模式、新观念。这一营销模式对体育场馆经营者提出了较高的要求，经营者必须具备扎实的赛事营销知识和丰富的经验才能展开深度营销活动。一般来说，深度营销的运行流程如下：

第一，选择具有发展潜力或市场容量较大的目标市场。

第二，深入调查与分析，根据分析后的结果，评估体育场馆的未来发展前景，然后制订营销计划。

第三，强化区域营销管理平台，实现营销前、后的整体协同，一体化响应市场的运作机制，提高响应客户需求的速度和能力。

第四，选择和确定核心客户，开发和建立区域范围内的客户数据库，在特定节日对核心客户给予不同的优惠，构建人文营销价值链。

第五，集中营销资源，提供良好的服务和指导，通过电话、网络等方式及时解决客户的疑问，为客户提供良好的服务体验。

（四）连锁经营

连锁经营是当前各行各业所常用的一个营销模式，在体育场馆经营中，这一模式也比较常见。连锁经营模式的核心因素在于具有完全的克隆功能，在使用这种营销手段时，可以从以下方面入手：

第一，对现有能力进行准确评估，了解自身的发展现状，扬长避短进行发展。

第二，总结、归纳、提炼体育场馆的成功经验，或所谓的核心竞争力，制定体育场馆的标准化管理流程，以便于进一步发展扩张。

第三，体育场馆在进行连锁扩张的时候要了解实际情况，因地制宜，不能盲目照搬现成的发展模式，要结合自身实际体现本体育场馆的经营特色。

第四，可以通过重新组建、收购、兼并、购买股份等形式实现自我连锁经营，但无论采取哪种形式，都要通过必要的评估。

（五）体验式营销

体验式营销主要是站在消费者的感官、情感、思考、行动、关联五个方面，重新定义、设计营销的一种思考方式。这种思考方式兼顾理性与感性，消费者在整个消费过程中能得到良好的心理体验。

不同于其他服务，体育场馆的消费者只有亲身参与其中，才能体会到体育场馆的优点与缺点，才能决定是否在该体育场馆消费。这就是体育场馆的体验式营销，这一模式能有效帮助消费者体验到各种产品之间的差别，提高消费者对品牌的认知度和忠诚度，是一种高层次的营销模式。

（六）文化营销

文化营销主要是通过宣扬体育场馆的理念、宗旨、品牌文化等内容，帮助消费者更加深刻地了解体育场馆的内涵，引起消费者的共鸣，激发人们参与体育场馆消费的欲望。利用文化营销展开体育场馆的各项营销活动时需要遵循以下基本原则：

第一，在对外展示时，要向消费者充分介绍体育场馆的文化内涵、宣扬品牌价值。

第二，强调体育场馆中的社会文化与体育场馆文化。

第三，从提高文化内涵、人文关怀的实际出发，考虑和检验公司的经营方针。

在实施体育场馆文化营销的过程中要做到以下几点：

第一，人文化。尽最大可能地满足客户的物质需求和精神需求。

第二，个性化。体育场馆要有自己的声音，以独特的服务营销理念赢得顾客的青睐。

第三，社会性。充分挖掘社会文化资源并回馈社会。

第四，公益性。注意将企业文化融入营销活动中，注重对社会的回报。

三、体育场馆的服务

（一）体育场馆服务的内涵

体育场馆服务是指体育场馆管理部门及其工作人员，通过自己活动的方式来满足消费群体对体育场馆的多元化需求而进行的与体育场馆功能、特点相关的服务产品的供给活动。

一般来说，体育场馆服务的具体内容主要包括举办大型体育比赛、体育表演、体育培训、体育健身娱乐等活动。

总体来看，体育场馆所接待的消费群体不仅包括观看比赛、参与健身休闲活动的散客，同时，也包括举办大型商业活动的各类企业。因此，在基于顾客满意度提升场馆服务质量的同时，场馆服务方要考虑这两大顾客群体的不同需求，并针对顾客的需求提供高质量的服务。

（二）体育场馆服务的特点

1．体育场馆服务的非储存性

体育场馆在向社会提供服务时，既不能积压也不能储存，只能即时提供，使得体育场馆在提供服务时对市场需求的应对能力相对有限。在体育消费能力不足时，会发生机会损失；在体育消费能力旺盛时，会导致体育场馆服务供给不足，体育场馆在提供服务的过程中会面临着不确定性的风险。

2．体育场馆服务的无形性

体育场馆服务不具有实物形态，因此消费者在进行消费时，只能通过对体育场馆服务提供者的认知度或即时感受来认知体育场馆的服务质量。体育场馆的这一特性使得消费者在选择体育场馆服务提供者时比较困难，只能依赖其他消费者的反映和体育场馆的介绍。

3．体育场馆服务生产与消费的即时性

体育场馆服务的生产和消费是同时发生的，需要同时同地完成服务交易，体育场馆服务提供者与消费者如果不在同一场所、同一时间进入服务程序，则服务交易难以完成。如体育赛事不会因为某一个观众的晚到而推迟比赛。

4. 体育场馆服务具有安全风险性

体育场馆服务以体育活动为载体，因此与其他服务形式相比，其中存在着一定的风险性。因此，体育场馆服务的安全性成为体育场馆服务的重要特点，在体育场馆服务的提供过程中要始终关注消费者的安全问题，为消费者提供安全的体育场馆服务。在部分情况下，体育场馆服务的风险是无法规避的，只能通过风险预案、风险控制等手段将风险控制在最低程度，避免更大的损失。

5. 体育场馆服务的参与性

体育场馆服务消费不同于其他产品的消费，需要消费者的亲身参与和互动才能得出体验。如果离开了消费者的参与，体育场馆的服务就无法实现。如体育健身服务与体育培训服务，它们是以消费者的参与为前提的，即使在消费者参与度较低的体育赛事服务中，也需要消费者积极参与和互动才能获得良好的观赛体验。

（三）体育场馆服务规范

要想提高体育场馆服务的质量，还要建立一个体育场馆的服务规范，主要是指为消费者提供规范化、标准化的服务，这一服务规范还要符合国家法律、法规的要求。

体育场馆为消费群体提供高质量的服务产品，应当使该产品满足体育服务产品的规范化要求。该要求主要体现在两个方面，即产品质量要求和法律法规要求。

产品质量要求：体育场馆提供的产品虽主要是无形性的服务产品，但亦有一系列与其他服务产品性质不同的且与体育场馆本体功能相关的服务产品质量特性要求和标准化服务流程，以确保体育场馆服务的质量。

法律法规要求：在体育场馆服务产品满足其质量特性要求的基础上，还必须遵守相应的法律、法规要求，符合本行业制定的各种规范。

四、体育场馆的风险管理

（一）体育场馆风险分类

按风险来源分类，可以将体育场馆风险分为外部风险和内部风险两大类。其中，外部风险是指源于体育场馆外部环境的一类风险，它包括自然、政治、经济、社会、法律、技术等宏观外部环境风险和顾客、供应商、竞争对手等微观内部环境风险变化引起的不利影响。内部风险是指源于体育场馆自身的风险，主要包括产品、营销、财务、人事等风险。受篇幅所限，下面主要介绍体育场馆的外部风险。

1．政治风险

政治风险，是指由于政局变化、政权更迭、罢工、战争、政策多变等引起社会动荡而导致大型体育场馆项目造成经济损失乃至人员伤亡的风险。

大型体育场馆项目有时候会面临着一定的风险，政治风险就是其中重要的一种，主要包括政府或主管部门对工程项目干预太多，指挥不当；政策透明度差，权力机构腐败；工程建设体制、工程建设政策法规发生变化或不合理；法制不健全，法律不公正；政策多变，社会动荡导致项目失败。

2．经济风险

经济风险是指经济实力、经济形势及解决经济问题的能力等方面潜在的不确定因素导致大型体育场馆项目遭受厄运的风险。有些经济风险是社会性的也有行业性的。经济风险包括宏观经济形势不利，如整个国家的经济发生不景气或不断滑坡；投资环境差，工程投资环境包括硬环境和软环境资金不到位，延期付款，信用缺失；利率调整幅度大、原材料价格无规律上涨，如建筑钢材价格不断攀升，原材料短缺等；通货膨胀幅度过大，税收提高过多。

3．社会风险

体育场馆的社会风险是指由不断变化的道德信仰、价值观，人们的行为方式、社会结构的变化等社会因素产生的风险。社会风险影响面极广，它涉及各个领域、各个阶层和各个行业。大型体育场馆项目的社会治安、社会和谐度、工作人员文化素质、环境污染、对生活习俗的影响等都是社会风险的重要组成因素。

4．技术风险

体育场馆的技术风险是指技术条件的不确定而引起的风险。主要表现在工程方案选择、设计、施工等过程中，在技术标准的选择、分析计算模型的采用、安全系数确定等问题上出现偏差而形成的风险。另外，如技术目标过高、技术标准发生变化等也可造成技术风险。在施工中采取的施工方案不能满足施工要求也会带来较大的项目风险。

5．管理风险

管理风险是指由于项目管理组织、制度、管理技术等因素导致项目没有达到项目目标的风险。

（1）组织机构的设置。组织机构健全，配合密切，效率高，则风险低，否则风险高。

（2）成本控制风险。由于规划、建设过程中风险发生造成的成本升高。

（3）质量风险。由于管理原因造成的质量风险威胁项目成功。

（4）项目的完工风险。项目完工风险也是影响大型体育场馆项目建设能否达到预期目标的重要管理风险。

此外，项目管理人员管理能力不强、经验不足，工人素质低等因素也是管理风险的重要组成因素。

（二）体育场馆风险识别

风险识别的方法有定性分析法和定量分析法。定性分析法试图以风险的发生对项目结果影响的大小来比较风险的相对重要性；定量分析法试图确定项目结果的绝对值范围和概率分布。

1．定性分析法

一般来说，常用的定性分析法主要有头脑风暴法、德尔菲法、访谈法等。

（1）头脑风暴法：多人对问题进行无限制性讨论，以寻找尽量多的指向问题的答案。基本规则为：清晰地阐述手头问题；鼓励参与者放松对自己思想的禁锢，围绕问题形成发散性思维；交流、碰撞参与者的想法等。

（2）德尔菲法：由一组专家先各自独立地作出预测，然后排除极端观点达成一致意见。

（3）访谈法：在无条件开展小组工作的情况下，通过访谈向个人获取信息的一种方式。

2．定量分析法

定量分析法包括决策树法、蒙特卡罗模拟法、敏感性分析法等。

（1）决策树法：决策树发端于决策点，随后按照决策制定过程自上至下依次有序地绘出机会事件和决策。决策树的目的是为每一个方案确定期望值。

（2）蒙特卡罗模拟法：使用随机数字模拟不同情形的结果。这种模拟模型可以用来测定系统对不同输入的反应。

（3）敏感性分析法：用于测定某一风险变量的改变对整个项目的影响。

（三）体育场馆的风险应对

体育场馆在运营的过程中难免会遇到一定的风险，除规避风险外，在发生风险时，做好风险的应对也是非常重要的。一般来说，体育场馆风险应对方法主要包括风险规避、风险缓解、风险转移和风险自留。

1．体育场馆的风险规避

风险规避是对项目风险进行识别、评价后，通过修正项目计划，消除风险本身或产生风险的条件，或者保护项目目标免受风险的影响。项目早期出现的某些风险征候或征兆，可以通过明确需求、广泛获取信息来进行合理规避。此外，对风险较高的项目采取缩减项目范围、增加项目资源、增加项目风险储备金、运用成熟的方案等方法，都可以有效规避项目风险。

2. 体育场馆的风险缓解

风险缓解是一种具有积极意义的风险应对手段，它通过事先控制或应急方案使风险不发生，或一旦发生后使损失最小或尽量挽回损失。

风险缓解方案可分为以下三种：

（1）预控方案。经过风险识别后，就每一个风险进行详细的说明，包括风险产生原因、条件、环境、后果与控制发生的要领等。

（2）应急方案。应急方案的目的是使项目风险损失最小化，应急方案是在损失发生时起作用的。

（3）挽救方案。挽救方案的目的是将风险发生后造成的损失修复到最高的可使用程度。

3. 体育场馆的风险转移

风险转移是设法将某风险的结果连同对风险应对的权利和责任转移给对方。风险转移方法很多，比较常见的有保险、担保、合同转移等。

（1）保险。保险是分散风险、补偿损失的一种手段，是人们在与灾害风险斗争中总结出来的应对风险的一种方法。保险有利于体育场馆企业对各类突发事件带来的财务支出提供经费保障，有利于对自身不能承受的风险实施转嫁。由于体育场馆具有高事故、高伤害的风险特点，因此购买人身意外伤害险和公众责任险对体育消费者与体育场馆经营场所都是最基本的保障。

（2）担保。担保是为他人的债务、违约或失误负间接责任的一种承诺。通常的工程担保类型主要有履约保证、银行信用保证、现金保证、财产保证、留置权等。如体育场馆管理者与某项体育活动的参与者签署免除责任协议，使受害者放弃追究责任的方法。

（3）合同转移。合同转移是通过业主与设计方、承包商等分别签订的合同来明确规定双方的风险责任，以此转移项目风险的一种风险处置方式。如体育场馆管理者同有关责任人员签署合同，由他们对自己的过失行为所造成的损失负责。体育场馆管理者通过与租用设备者签订维持无害协议转移部分风险，即在活动举办期间如果发生任何损害，由租用设备者赔偿。

4．体育场馆的风险自留

在项目风险管理中，对一些不是很严重的风险，或者不适合用其他措施应对的及采用其他应对措施后残余的一些风险，风险管理者常采用自留的方式处置。风险自留意味着在不改变组织计划的前提下应对某一风险，或项目主体不能找到其他适当的风险应对策略，而采取的一种应对风险的方式。

风险自留和风险转移是风险处理的主要技术手段。在具体的操作过程中，有时会选择风险自留，有时会选择风险转移，有时还会两者兼用。当损失的严重性低、损失频率高时，风险自留是最佳选择；当损失的严重性高、损失频率低时，风险转移是最佳选择；当损失的严重性高、损失频率高时，风险自留＋风险转移＋损失控制等组合是最佳选择。

五、体育场馆的人力资源管理

人才在任何领域和行业中都起着至关重要的作用，因此加强体育场馆人力资源的管理也很重要。总体来看，体育场馆的人力资源管理主要包括人力资源规划、人力资源招聘、人力资源开发和绩效考核等几个部分。

（一）人力资源规划

人力资源规划是体育场馆人力资源管理的起点，是在充分调查现有人力资源发展现状的基础上，科学预测未来体育场馆人力资源的需求，并根据体育场馆岗位设置进行人力资源规划的一种管理方式和过程。其目的在于获得最为有效的人力资源配置，为体育场馆的运营与发展提供重要的人力保障。

人力资源的评价。充分调查体育场馆人力资源现有情况，是否存在岗位空缺的情况，是否要扩大场馆建设的规模，体育场馆扩大后会产生多少新岗位等。

人力资源的预测。体育场馆建设与改造完成后，预测岗位变化情况，确定具有何种资质的人员来补充岗位空缺。

制订人力资源需求方案。管理者要结合实际情况考虑体育场馆各种岗位的设置，尤其是特殊岗位人员的安排，制订一个科学合理的人力资源需求方案。

（二）人力资源招聘

招聘是体育场馆人力资源规划的实施阶段，人才招聘至关重要，因此要严格按照既定的流程进行。

制订招聘计划。招聘计划的制订以人力资源规划为主要依据，要明确招聘的岗位、人数和招聘标准。

发布招聘信息。选择合适的信息发布渠道，让更多的优秀人才获取这一信息，招揽到大量的优秀体育人才。

初审报名材料。首先要初审报名材料，进行人才甄别，剔除不合格人员，从而节省人力资源成本。

举行考试。分为面试、笔试和技能测试等几种形式，管理者可以结合实际情况合理确定考试的形式，其最终目的都是考查应聘者的综合素质，选拔有用之才，从而为体育场馆的建设与管理服务。

录用。主要包括发放录用通知、签订相关协议、介绍场馆情况等内容。

（三）人力资源开发

拥有一批高素质的体育场馆管理人才对于体育场馆的建设与发

展具有重要的意义。在挖掘与开发人力资源的过程中，除要挖掘体育场馆的可用之才外，还要通过各种培训形式来提高组织成员的各项技能，以适应体育场馆建设与管理工作的需要。

（四）绩效考核

在体育场馆人力资源管理中，绩效考核也是非常重要的一个环节。进行绩效考核的主要目的在于考察员工的工作情况，激发员工工作的积极性，还可以将绩效考核的结果作为确定员工薪酬福利、职务晋升的主要依据。

绩效考核关乎每一名员工的切身利益，因此绩效考核的标准一定要规范、科学和合理，要能客观、公平、公正地评价每一名员工。在制定绩效考核标准的过程中，管理者要根据体育场馆的岗位设置，设计出不同岗位的绩效考核标准，这一标准的制定不是盲目的，要综合各方面因素进行考虑。

另外，还要明确绩效考核的周期，一般以 1 年为一个总评期，中间还有季评和月评，个别的也有以 1 个星期作为绩效考核单位的。

考核的方法有很多，如工作业绩、书面报告、关键事件等，具体可根据体育场馆的规模、岗位灵活使用。

第二节　高校体育场馆的运作与管理

一、高校体育场馆的管理理念

健全的管理理念能够促使一个企业健康发展，同样高校体育场馆要想在市场中取得一定的经济效益，没有适合高校体育场馆自身的发展理念是不行的，也很难在市场经济中立足。高校体育场馆管理理念主要是指对体育场馆在市场运作过程中遵循的指导思想，也是体育场馆在运作中处理各种问题的准则。管理理念是体育场馆运作的基础，是体育场馆发展的方向盘，其最重要的目的是通过高校体育场馆从市场中获取经济效益。同时，高校体育场馆管理理念也有利于正确处理好与消费者、竞争对手及社会之间的关系，它影响着高校体育场馆发展的兴衰。

高校体育场馆要想在市场中获得较好的经济效益，还要有相应的市场营销理念，才能发挥整体作用，促进高校体育场馆的长期发展。高校体育场馆的管理理念具体包括以下几个方面：

（一）树立“以人为本”的管理理念

在市场经济中，企业往往把顾客定义为“上帝”，也就是说要把消费者的利益放在第一位，坚持“以人为本”的管理理念。如果没有消费者的需求，企业很难发展，所以满足消费者的需求，才能给企业带来更好的经济效益。对高校体育场馆而言，满足消费者的需求主要体现在两个方面：一是要满足体育消费者对服务的需求；二是体育场馆在有偿开放过程中，不管是项目方面，还是价格方面，都能够满足消费者的消费习惯以及经济承受能力。

所以，高校体育场馆的相关负责人员应及时了解体育消费者的需求以及消费者的特点，按照消费者的需求进行体育活动经营，并且在此基础上制定合理有效的管理政策和经营方针。要注意的是，高校体育场馆不同于社会大众体育场馆，在进行对外活动时，要切实考虑对学生的影响，不能为了发展学校经济而忽视了正常教学的进行。

（二）树立经济盈利的理念

高校体育场馆要想获得长期的发展，只依靠教育经费是不够的。根据对多所高校经费的调查显示，每年国家拨款给学校的经费，分摊到体育场馆方面的并不多。所以，在市场经济环境下，高校体育场馆更要树立经济效益的理念。过去，高校体育场馆被定义为服务于社会的公共场所，只注重社会的效益，对自身的经济效益关注得很少，这阻碍了高校体育场馆在市场经济环境下的长远发展，也进一步影响了高校的发展。高校属于公共事业单位，要建设就必须有经费，国家不可能照顾到方方面面，所以高校体育场馆进入市场运作，不仅可以促进自身的发展，也能够给高校带来经济效益。因此，高校体育场馆在树立经济效益理念的同时，也要满足消费者的需求，做到高校体育场馆和消费者的双赢。

（三）树立市场营销的理念

市场营销理念通常被定义为“以市场为出发点，以消费者为中心”的经营理念。市场营销理念具有以下特点：

第一，以消费者的需求为中心，实行目标市场营销。

第二，多重的市场营销相结合，不断满足消费者的需求。

第三，树立整体产品概念，积极地研发新的产品，满足消费者的整体需求。

第四，通过满足消费者需求而实现企业获取利润的目标。

第五，市场营销部门成为指挥和协调企业整个生产经营活动的中心。

因此，高校体育场馆要树立市场营销理念，把握市场环境，为消费者提供良好的服务。只有让消费者满意了，才能够引来消费者消费，从而才能获得经济效益。

（四）树立全局观念

市场经济的基本特征是竞争，有竞争才有发展，在竞争中发展，这条客观规律一直存在。在市场经济条件下，企业从各自的利益出发，为了获得更多的资源进行相互间的竞争，通过竞争，实现企业的优胜劣汰，进一步实现市场资源的优化配置。全局观念，就是要有大局意识。现代高校体育场馆的战略目标和方向的确定，在很大程度上影响着高校体育场馆的生存与发展。所以，高校体育场馆要想在市场经济中取得长远发展，其管理人员要树立全局的意识观念，遵从市场的发展规律，积极地面对竞争，在竞争中发现自己的缺点，从而调整适合市场、适合自身发展的营销战略。

（五）高校体育场馆要有创新的意识

创新关系到一个民族乃至整个国家未来的生存发展，一个没有创新的国家是没有前进动力的。创新不仅影响着大局，也关乎社会的方方面面。高校体育场馆的发展也需要创新。高校体育场馆进入市场，就要摒弃原有的管理理念，创新管理理念，以适应市场发展的需要。高校体育场馆的创新不能局限于某一方面，应进行全方位的革新。当然革新并不是完全摒弃旧有的，而是在此基础上创新。高校体育场馆的创新涉及许多方面，比如管理意识创新、体育场馆的项目创新、市场营销的创新等。

二、高校体育场馆经营管理的目标和任务

高校体育场馆经营管理的目标和任务是体育场馆进行一切经营活动的依据，高校体育场馆的经营管理活动由经营管理的目标和任务决定。有了目标和任务才能进行经营活动，没有目标和任务的经营活动不能够给高校体育场馆带来经济效益。所以，在对高校体育场馆的管理中，要重视规划体育场馆的目标和任务，为高校体育场馆的发展做好准备。

（一）高校体育场馆经营管理的目标

1．为消费者提供全方位的服务设施

进入 21 世纪以来，随着社会经济的不断发展，人们的物质生活水平日益提高，人们所面临的压力越来越大，各种疾病频繁出现，使得人们开始重视体育活动，以此缓解压力以及改善身体条件。在这样的背景下，人们对体育的需求越来越多，很多人都把体育活动作为日常生活中不可缺少的一项重要内容。人们对体育活动的重视，给体育馆产业的发展带来了新的生机。无论是去社会公共体育馆，还是去高校体育馆，到体育馆中进行

体育活动成为新的消费方式。通过对过去体育馆的消费和现在体育馆消费的对比，可以看出人们对体育活动的兴趣在不断增强。因此，高校体育场馆要抓住这一契机，在现有条件下，改变过去观念，扩大思路，另辟蹊径，提供系统的、全面的体育活动，不断满足消费者对体育活动的需求。

2．扩大高校体育场馆的经济效益

当前，我国高校建设发展的资金主要来源于国家的拨款。由于我国人口众多，高校数量庞大，而国家对教育的支持又有限度，不可能照顾到每个高校。受经济因素制约，各个高校的体育建设资金匮乏，影响高校长期发展。一些早期的体育基础设施难以满足正常教学的活动，同时也影响了高校大学生的身体健康状况的发展。高校体育要想在市场中获得消费者群体，只依靠国家的教育经费解决高校体育设施建设问题显然是不现实的。

高校要转变发展理念，改变过去的发展模式，变被动为主动，积极引进先进的管理理念和发展模式，使高校体育场馆高效运转起来，扩大高校体育场馆的经济效益，这在一定程度上不仅减轻了国家的财政负担，也很好地补充了高校体育经费的不足。

3．提高高校体育场馆的利用率

由于过去我国的体育馆建设落后，人们对身体健康的观念不够重视，很少有人会花钱去买健康，不仅社会公共体育馆经营得不好，高校的体育馆除了正常教学，再也没有其他用处。随着经济的不断发展，人们对身体健康的重视，体育场馆逐渐地被利用起来。

高校体育馆在保证体育教学的需要之外，开始对社会开放，并采取少量收费的方法弥补了高校体育建设经费不足的问题，在很大程度上提高了高校体育资源的利用率，满足了人们对体育消费的需求。随着高校体育场馆的开放，凸显出来的矛盾越来越多，如高校的体育馆没有专门的管理人员，管理的观念也很落后。如果不解决这些问题，虽然资源会被利用起来，但这些因素仍制约着高校体育场馆的发展。所以高校对体育馆可采用企业化的管理模式，在高校体育馆所有权归学校的前提下，可以成立体育馆管理中心，把学校的体育馆交由其经营管理。这样，高校不仅能够全身心地投入体育教学之中，也能使高校获得一定的经济利益，并且使高校的体育资源能够被充分利用起来。

（二）高校体育场馆经营管理的任务

1．开展多种体育经营项目活动

高校体育场馆的经营管理活动，一般都是为体育消费者提供体育运动服务，很难发挥其自己的服务能力和水平。因为体育项目活动受各方面的影响，具有周期性和时间性，并且一些体育运动项目还有季节性。这样，高校体育场馆的经营管理活动就会出现中断的状况。所以，高校体育场馆的经营管理在保证为体育运动服务的前提下，把高校体育场馆闲置的时间充分利用起来，积极开展多方面的经营，为体育消费者提供体育以外的其他社会性服务，使高校体育场馆的发展得到最优化的发展。

2．满足体育消费者的需要

高校体育场馆进行市场化经营的首要任务是给体育消费者提供服务，这是高校体育场馆的基本职能。所以，高校体育场馆应积极地开展各项体育项目活动，在保证体育运动员能够正常训练的情况下，可以举办各种运动竞赛、体育表演及各种形式的体育活动，以满足广大体育消费者的需求。

3．提高体育消费者掌握运动技巧的能力

体育锻炼的项目多种多样，一些体育项目要求体育消费者具备一定的锻炼技巧，比如羽毛球、游泳、篮球等体育运动。高校体育馆的体育项目，一般都要求体育锻炼者具备一定的锻炼技巧，另外体育设备具有较高的科技含量，进行体育锻炼时必须按照规定的操作去使用。若不按照规定操作，不仅会给自身带来伤害，也会给体育设备带来损坏。

对于一些初次到高校体育场馆消费的体育消费者来说，一些看似简单的体育运动项目，实际操作却需要较高的技能和技巧。所以，为

了避免事故的发生和设备的损坏，并且能够提高运动的效果，高校体育场馆的服务人员要向体育消费者提供耐心而正确的指导性服务。例如，健身房的运动器械、设备的复杂程度是不一样的，尤其是那些进口设备，如由电脑控制的健身自行车、跑步机等。这些都需要具备一定的技能，才能够去操作它们。

4．给消费者提供安全的运动环境

体育活动最主要的目的是提高人们的身体健康，但是在体育锻炼过程中，往往会有一些不可控的危险在里面。所以，高校体育场馆在对外开放过程中，一方面要满足消费者的各项体育项目需求，另一方面要为体育消费者提供安全舒适的体育锻炼环境。

任何一项体育活动的开展都有可能存在不安全的因素。例如，在进行羽毛球活动时，会滑倒、摔伤等；进行篮球体育活动时，难免会与队员碰撞，造成摔倒等。所以，需要高校体育场馆的服务人员时刻注意到消费者的活动情况，及时地提示消费者按照正确的安全规范参加体育活动。并且高校体育场馆的服务人员要懂得基本医疗知识，在遇到突发事故时，能够及时处理。同时，高校体育场馆也要定期检查体育器材的使用情况，根据客流量，更新有损耗的设备，或者增加体育锻炼器材，尽量减少不安全的因素。

如果高校体育场馆的管理人员不注意对体育器材设备的检修和保养，会给体育锻炼者带来人身的伤害。这会影响高校的形象，造成客流量减少，从而影响高校体育活动的正常进行，并且最终影响高校的收入。因此高校体育场馆经营中的一项重要任务是尽可能降低不安全的因素，减少安全隐患。总之，高校体育场馆要尽最大的努力为体育消费者提供安全的体育锻炼环境，满足体育消费者的安全需求。

三、高校体育场馆的运作方式

高校体育场馆的运作方式有很多种，但高校体育场馆因为承担着体育教学的任务，很有可能与经营者的利益发生冲突，也会影响到学校体育教学的任务，所以高校体育场馆在选择经营方式时要慎重考虑。

（一）合作经营的运作形式

合作经营是指高校体育场馆以高校体育场馆的基础设施包括场地、场馆等设施作为投资品，校外其他投资者以现金、设备以及管理等作为投资品合作经营体育业务的经营方式。

高校体育场馆选择这种经营方式的特点在于通过和校外投资者合作的方式，解决高校体育场馆经营过程中的资金缺乏、管理经验缺乏等问题。这种合作经营的方式，一般是营利收入按照股份制的形式按比例分成。合作经营的双方以有限责任公司的组织形式明确经营过程中遇到的风险和收益，所以这种合作经营的方式营造了利益共享、风险共担的经营机制。

高校与校外投资者的这种合作经营方式有利于发挥合作双方各自的优势，扬长避短，从而给经营的项目增加了实力和竞争力。高校在基础设施和人力资源方面具有明显的优势，但是却在资金、经营管理方面能力缺乏。所以，高校选择与校外投资者合作的方式有利于在市场经济环境中取得良好的发展。

（二）直接经营的运作形式

直接经营是指高校有关部门自己对体育场馆的日常活动进行经营管理。高校直接对体育场馆进行经营管理，对于高校自身的发展来说有很大的优势，比如高校能够对体育经营的项目直接开发，这不仅节约了资源，还能够对资源做到整体的统筹规划，使资源能够合理地利用起来。因为高校在发展过程中，是要有大局意识的，所以高校直接经营体育场馆能够实现经济效益的最大化以及社会效益的最优化。高校直接经营体育场馆，在进行经营活动中，不会和高校的体育教学任务造成冲突，能够很好地保证体育教学的正常进行，毕竟高校的主要任务是教学。除这些优势之外，高校直接经营体育场馆还有一些缺陷，如对体育场馆的前期经营需要大量的资金做支撑，可是高校的资金大部分来自国家财政拨款，资金有限，投入体育方面的资金也有限，使得高校体育场馆的流动资金少，经营项目启动慢。

通过分析可以看出，高校体育场馆直接经营优势明显大于劣势。虽然高校体育场馆刚刚走向市场，缺乏经验，各项管理制度也不健全，经营有一定的难度，但是只要经营得当，便有利于高校体育场馆的发展，甚至有助于高校整体发展。无论高校选择哪一种方式经营，都要根据自身情况，具体问题具体分析，选择适合自己的经营方式。

（三）承包制经营的运作形式

承包制经营的运作形式是指高校体育场馆通过与校外的一些经营者签订合同，把体育场馆以承包的形式让出经营权而获得经济利益的方式。高校体育场馆承包制经营主要有以下两种方式：

1. 整体承包经营

整体承包的经营方式是高校通过寻找一些比较有实力的校外经营者，通过每年缴纳一定的承包费用而对体育场馆的整体进行经营。这种方式的弊端是容易造成价格上的垄断。

2. 分项目承包经营

分项目承包经营指高校把体育场馆的不同体育设施和不同的体育项目活动分割开来给多个经营者进行经营。这种方式能够形成竞争，但是不利于高校体育场馆的整体发展。

高校体育场馆承包制经营，可以通过招标、协商等方式对外进行承包。在条件成熟的情况下，招标方式更为理想，它既可以体现市场上的真实价值，又可以杜绝幕后交易。高校体育场馆对外承包的优点在于学校在体育场馆的管理上比较轻松，能够获得稳定的收入，并且能够专注于学校教学。不足之处在于高校对体育场馆的经营失去了控制权，对体育场馆承包者的经营行为难以进行有效的监管和规范。一旦承包者违反法规，就会与体育场馆发生纠纷，且其矛盾较难协调，因为合同所规定的各条款不可能涉及方方面面。

（四）委托经营的运作形式

委托经营的运作形式是指在不改变体育场馆所属权和功能定位的前提下，委托经营单位对体育场馆进行经营的一种方式。高校体育场馆通过这种方式，不仅可以发挥体育场馆的各种体育功能，同时也能有效解决高校建设资金不足的问题。委托的方式只需要学校提供体育场馆等设施，不需要考虑经营问题，这对学校来说，管理起来也比较容易。

四、建立和完善高校体育场馆的各项管理制度

高校体育场馆作为校园内重要的体育资源，其管理制度的建立和完善对于提高场馆使用效率、保障教学秩序以及促进校园体育文化的发展具有重要意义。下面，我们将从综合管理制度、专项管理制度、岗位职责划分以及使用制度四个方面，详细探讨如何构建和完善高校体育场馆的管理制度体系。

（一）构建高校体育场馆的综合管理制度

综合管理制度是高校体育场馆管理制度体系的基础，它通常由学校领导部门根据学校实际情况和体育场馆的特点制定。这类制度以规范性文件的形式公布并实施，具有高度的权威性和指导意义。综合管理制度主要包括体育场馆的管理原则、工作流程以及各相关部门的职责等内容，为场馆的日常运营和管理提供明确的指导。

随着高校体育场馆逐渐对外开放，越来越多的高校开始重视这方面管理制度的制定。通过综合管理制度的建立，学校能够更好地整合资源，确保体育场馆的高效、有序运营，同时也有助于提升学校的整体形象和管理水平。

（二）制定高校体育场馆的专项管理制度

与社会体育场馆相比，高校体育场馆在经营方式上有着独特的特点。高校体育场馆的首要任务是为学生的体育教学服务，因此，在对外开放的过程中，必须确保不影响学生的正常教学秩序。这就需要高校体育场馆结合学校的实际情况，制定专项的管理制度。

专项管理制度应针对体育场馆在对外开放过程中可能遇到的问题和挑战，提出具体的解决方案和管理措施。例如，可以制订关于场馆使用时间、收费标准、安全保障等方面的规定，以确保教学和经营活动的协调发展。通过专项管理制度的制定和实施，高校体育场馆能够更好地平衡教学与经营的关系，实现资源的最大化利用。

（三）明确高校体育场馆的岗位职责划分

为了获得一定的经济效益和社会效益，高校体育场馆在对外开放过程中需要建立合理且规范的经营管理制度。而明确岗位职责的划分是规范经营管理的首要步骤。通过科学合理地安排岗位职责，能够确保每个工作人员都明确自己的工作职责和范围，从而提高工作效率和服务质量。

具体的岗位职责可以从管理层次和管理职责两个方面进行界定。从管理层次来说，可以制定高校体育场馆馆长岗位职责、值班人员岗位职责等；从管理职责来说，可以制定办公室岗位职责、场地管理岗位职责、设备维护岗位职责等。通过明确岗位职责划分，高校体育场馆能够建立起一个高效、有序的运营团队，为教学和经营活动提供有力保障。

（四）建立高校体育场地使用制度

高校体育场馆拥有丰富的体育资源，这些资源的合理利用和提高使用率是高校体育场馆对外开放的重要目标之一。因此，在经营管理中制定并使用相关制度显得尤为重要。这类规章制度通常是专门针对体育馆的使用而制定的，一般以某体育馆使用规定或入馆须知的形式出现。

在我国的大部分高校中，都已经建立健全了这类规章制度。通过明确使用规定和注意事项，能够确保体育场馆的安全、卫生和秩序得到有效保障。同时，合理的使用制度也有助于提高场馆的使用率，满足更多师生的体育需求，进一步推动校园体育文化的发展。

第三节　高校体育场馆的经济风险

在市场经济环境下，企业运营存在的风险多种多样，归结起来一般主要有两种：管理风险和经济风险。管理是企业发展的基础，经济是企业发展的动力。如果管理和经济任何一个方面出现问题，企业的发展就会受到影响。高校体育场馆在市场经济环境下，也存在不同的风险，本文主要讲述高校体育场馆在经营过程中因潜在的不确定性因素给场馆造成的经济损失。

一、高校体育场馆经济风险的分类

（一）按照经济风险的来源划分

根据高校体育场馆经济风险来源的不同，可以把它分为体育场馆外部风险和体育场馆内部风险。

1．高校体育场馆外部风险

高校体育场馆外部风险主要是指高校体育场馆在进行外部经营过程中存在的风险。高校体育场馆外部风险又可分为三类：①微观外部风险，是指高校体育场馆外部环境与高校体育场馆经营直接关联的个体给高校体育场馆经营带来的风险。其中包括顾客风险、供应商风险、竞争对手风险、同盟者风险等。②中观外部风险，是指高校体育场馆的中观环境，即联系宏观环境与微观环境的媒介给高校体育场馆的运营带来的经济风险。③宏观外部风险，是指高校体育场馆与宏观环境有关的社会环境风险和经济环境风险等相关风险的统称。

2．高校体育场馆内部风险

高校体育场馆内部风险一般是指高校体育场馆自身存在的风险。高校体育场馆内部风险主要包括：①产品风险，是指高校体育场馆的服务产品存在的风险，主要包括产品市场竞争力风险、产品结构风险、新产品的研究与开发风险、生产系统适应性风险。②财务风险，是指归高校体育场馆所有、占有、使用和保管等财产受损的风险。高校体育场馆的财产，既包括资金、消费品、体育设备等有形资产，也包括信息、权益、信用、产销技术等无形资产。③营销风险，是指高校体育馆营销系统中存在的风险，主要有营销能力风险和售后服务风险。

（二）按照经济风险产生的原因划分

1．自然风险

自然风险是指由于自然的不规则变化给高校体育场馆带来的经济损失，在现实生活中是大量发生的。在各类风险中，自然风险是保险人承保最多的风险。自然风险有三个特征：自然风险形成的不可控性、自然风险形成的周期性、自然风险事故引起后果的共沾性。

2．人为风险

人为风险是指由社会的体育消费者或者是高校内部的体育消费者行为不当而给高校体育场馆的经营带来的经济损失。

3．政治风险

政治风险是指高校的领导层变动、高校体育场馆发展模式的突然改变，以及高校政策方针的转变给高校体育场馆发展带来的经济损失。

4．技术风险

技术风险是指高校体育场馆在进行社会活动时，由于技术不过关而给体育消费者带来损害，给高校体育场馆带来经济损失的风险。

二、高校体育场馆规避经济风险的方法

经济的快速发展、资金的快速聚拢使得我国正在进入资本市场。在当前竞争日益激烈的市场经济条件下，如果企业不更新经营方式，将会被市场迅速淘汰，伴随经营方式的创新与改变，经济风险也在随之增大。高校体育场馆在市场经济中还是一个不成熟的成员，无论是在经营理念，还是在经营方式上都缺乏一定的市场操作经验，因而盲目地进入市场会给体育场馆经营带来更大的风险，尤其是经济风险。高校体育场馆要规避市场中遇到的风险，就要有规避风险的措施。高校体育场馆风险管理的目的就是及时发现问题，把风险扼杀在摇篮里，或是把风险降到最低程度，达到趋利避害的目的。

（一）高校体育场馆经济风险管理的概念

高校体育场馆经济风险管理是指对由于突发的、非预期的特殊事件或故意侵权事件而给高校体育场馆所造成的各种无形或者有形的损失的可能性进行控制。其中，主要包括对场馆形象和声誉的损失、经济损失以及对场馆未来发展的不利影响的管理。

（二）制订高校体育场馆经济风险管理计划

在风险管理过程中最重要的一个环节是风险管理计划的制订。风险管理计划的制订分为三个阶段：风险确认阶段、风险评估阶段和风险处理阶段。这三个阶段在风险管理计划中是相互联系的，少了哪个阶段都无法规避风险。在制订风险管理计划时，高校体育场馆管理者要根据这三个阶段与高校体育场馆的运营模式及管理理念相结合，并且通过对体育消费者深入调查来确定目前高校体育场馆所面临的经济风险，把经济风险降到最低。

1．风险确认阶段

高校体育场馆要对风险进行确认，就必须把高校体育场馆经营过

程中可能遇到的经济风险事先做到合理的预测。可以通过调查体育消费者对体育馆管理的意见、检查体育馆各方面的设施、内部员工交流经营过程中存在的问题等方式确认高校体育馆经营过程中存在的经济风险。风险确认的主要目的是找出风险存在的主要因素和次要因素。主要因素在很大程度上是指体育馆内部管理各部门的工作人员，次要因素是指体育消费者、自然灾害等。体育场馆在经营过程中，随时都有可能遇到风险，不管是风险大小，都会给经济带来损失，所以高校体育场馆管理者要随时对风险进行确认，及时降低风险，为高校体育场馆创造良好的发展环境。

2．风险评估阶段

风险确认以后，要对风险进行评估，风险评估的对象主要有两个：风险发生的频率和风险造成损失的强度。风险是一种潜在的危害因素，始终存在于高校体育场馆经营的过程中，对于风险的评估，只有根据以往发生的事故记录和经验进行判断。一般情况下，风险发生的频率主要分为：经常发生与很少发生。对于损失的强度，则主要分为三种可能：高度损失、中度损失、低度损失。无论高校体育场馆进行什么样的体育项目活动，都存在一定的风险，所以高校体育场馆管理者要时刻关注存在的风险。

3．风险处理阶段

风险管理计划的最后一步是风险处理，风险处理的主要任务是对已经确认和评估的风险进行处理，通过风险处理把高校体育场馆的经济风险降到最低。用于风险处理的方法主要有以下四种：

（1）降低风险法。降低风险法在高校体育场馆经营风险管理中是风险管理的核心。高校体育场馆经营者要充分认识到风险的存在，并且及时采取各种有效的措施和处理方法，降低各种事故发生的可能性或者因事故造成的负面影响和经济损失。比如可以通过加强安全管理，及时进行维护并更换体育器材等方法降低高校体育场馆经营的风险。

（2）回避风险法。回避风险法主要应用于发生频率较高并且容易造成严重后果的经济风险中。高校体育风险管理者在对体育场馆进行经营管理过程中必须在风险发生之前对风险进行全面的预防。一些风险是无法避免的，造成的后果又十分严重，所以在组织体育活动之前，要仔细全面地对该项体育活动存在的风险进行分析，如果风险能够处理，应及时处理掉，再进行体育活动；如果风险带来的后果比较严重，组织者无法承担风险，应取消该项体育活动。

（3）转移风险法。转移风险法是指高校体育经营管理部门在市场化过程中经营遇到的风险，通过购买保险等方式将高校体育活动中遇到的风险尽可能地转移给其他组织与个人的方法。购买保险是高校体育活动组织降低风险、转移风险的一种手段，是以经营者或体育活动组织者支付一定的保险费用为前提的，在体育活动中发生的事故与造成的经济损失由保险公司负责承担该事故的经济赔偿。

（4）风险保留法。风险保留法主要用于风险发生频率低、实际损失较小的体育活动。高校体育馆在经营运作过程中，常常保留一部分财政预算资金以支付体育消费者在体育活动中受到的各种损失。最为常见的是提供一些基本的紧急救护和对消费者造成经济损失的资金补助。

参考文献

[1] 焦素花．体育产业高质量发展研究：基于健康中国背景下的体育消费视角［M］．南京：南京大学出版社，2023．

[2] 王先亮．体育产业高质量发展动力研究［M］．北京：人民出版社，2022．

[3] 郑夏萱．体育产业管理与心理学融合发展［M］．北京：化学工业出版社，2023．

[4] 袁夕坤，战炤磊．体育产业高质量发展研究［M］．南京：东南大学出版社，2021．

[5] 鞠传进．中国体育产业发展与政策需求研究［M］．北京：北京大学出版社，2020．

[6] 徐金庆，高洪杰．体育产业市场建设及其竞争力研究［M］．北京：中国书籍出版社，2021．

[7] 江小涓，等．体育产业的经济学分析：国际经验及中国案例［M］．北京：中信出版社，2018．

[8] 杨乃彤．体育产业创新与科学运营管理研究［M］．北京：中国水利水电出版社，2019．

[9] 吴业锦．体育产业发展的理论与实证研究［M］．北京：中国纺织出版社，2018．

[10] 吴香芝．我国体育服务产业政策及发展对策研究［M］．北京：中国社会科学出版社，2018．

[11] 张瑞林，王会宗．体育经济学概论［M］．北京：高等教育出版社，2016．

[12] 刘甲爽．当代高校体育经济新视界［M］．北京：经济管理出版社，2015．

[13] 刘远祥．体育产业结构优化研究［M］．济南：山东大学出版

社，2015.
[14] 吴明放. 高校体育产业管理人才培养探究［J］. 湖北开放职业学院学报，2022（15）：3.
[15] 曹光. 新时代背景下高校体育产业经营管理人才培养模式探究［J］. 河南教育学院学报（自然科学版），2022（4）：76-79.
[16] 郭晓敏. 论高校体育教育对体育产业经济的促进作用［J］. 生产力研究，2022（7）：98-102.
[17] 曲洺皞，曹连众. 新时代高校体育专业培养体育产业创客路径探索［J］. 黑龙江高教研究，2022（9）：106-111.
[18] 顾斌，郑少秋. “观”与“赛”，体育场馆与校园的共生共享——龙游瀫智慧产业园项目公共配套场馆设计思考［J］. 建筑技艺，2023（S01）：108-112.
[19] 刘静静. 高校培养体育产业多元化创新人才路径探索［J］. 体育科学进展，2023（3）：636-642.
[20] 肖林鹏，阎隽豪. 我国高校体育产业创新创业教育发展态势、面临问题与建设路径［J］. 北京体育大学学报，2023（7）：65-77.
[21] 苏思畅，杨一书. 高校体育教育对体育产业经济的影响［J］. 体育世界（学术版），2023（7）：43-45.
[22] 吴凤彬. 智慧体育视角下高职院校体育产业应用型人才培养研究［J］. 中国职业技术教育，2022（5）：92-96.
[23] 李明星. 新时期高校体育产业协同发展的路径研究［J］. 文体用品与科技，2022（21）：55-57.
[24] 张玉良. 北部湾城市群民办高校体育产业现状及影响力实证研究［J］. 知识经济，2022（3）：6-8.